# 나는 이제, **다르다**

생각에 휘둘리지 않는 자유
Healing of the Mind & Heart

# 나는 이제, 다르다

생각에 휘둘리지 않는 자유
Healing of the Mind & Heart

저자 **김서권**

생각에 휘둘리지 않는 자유

# Healing
# of the Mind
# & Heart

생각으로부터 휘둘리지 않는 자유는
진리의 궤도 안에서만
가능하다고
나는
믿는다.

- 작가의 말 **中**에서 -

너는 반석이라,
이 반석 위에 내 교회를 세우리니
음부의 권세가 이기지 못하리라.

마태복음 16장 18절

흔들리는 갈대에서
기도하는 반석으로

인간은 생각하는 갈대다.
인간의 존엄은 자유로부터 나온다.  - 파스칼 -

나는 생각한다.
고로 존재한다.
생각이 존재를 확증한다.  - 데카르트 -

'인간은 생각할 수 있으므로 존엄하다'는 것이
철학과 사상의 규정이다.
그러나
성경은 '생각의 위험성'을 지적한다.
'마귀가 벌써 시몬의 아들 가룟 유다의 마음에
예수를 팔려는 생각을 넣었다'고 명확하게 밝히고 있다.

마귀가 벌써
시몬의 아들 가룟 유다의 마음에
예수를 팔려는 생각을 넣었더라

요한복음 13장 2절

스쳐 지나가는 바람에도
흔들리고 무너지고 넘어지는 갈대처럼
인간은 연약하다.

생각에 휘둘리지 않는 자유
과거의 상처로부터 벗어나는 자유
욕망에 굴복하지 않는 자유
두려움과 걱정, 근심의 올무에서 빠져 나오는 자유

이 모든 자유로부터
인간의 존엄은 시작된다.

아무 것도 염려하지 말고
다만 모든 일에 기도와 간구로,
너희 구할 것을 감사함으로 하나님께 아뢰라

그리하면 모든 지각에 뛰어난 하나님의 평강이
그리스도 예수 안에서
너희 마음과 생각을 지키시리라

빌립보서 4장 6~7절

목차

# 나는 이제, **다르다**

생각에 휘둘리지 않는 자유
Healing of the Mind & Heart

책을 읽는 모든 이가
'나'일 때 일어나는
생각과 마음의 변화

'나는 이제, 다르다'

- 프롤로그

**사망의 잠에서 깨어나라** 21

**하나님의 말씀으로 심장이 뛰게 하라** 87

**나는 이제, 다르다** 145

**하나님의 보석 상자** 205

- 편집장의 글

## 프롤로그

'나는 이제, 다르다.'

예수 그리스도를 만난 후
하나님 앞에서 무릎 꿇은
나의 진솔한 고백은
이것이다.

사도바울이
007 살인 면허를 가지고
다메섹으로 가는 길에서
예수 그리스도를 만난 후,

로마의 거대권력과 야합하여
기득권을 놓지 않으려는 유대종교지도자들과
욕망과 탐심으로 가득한 로마 황제 앞에서
거침없이 선포한 그의 고백 또한
'나는 이제 당신들과 다르다'였다.

내 의지와 상관없이 태어난 지리산 산골마을
깊고 깊은 산자락처럼 나를 가로막고 있는
운명적 고독과 열등감에 매몰되어
통제할 수 없는 분노 속에서 살았던 나는
목사가 되어서도
교회 부흥의 야망은 숨겨두고
'예수님의 동생'쯤으로 나를 포장하여
정작 내 자신도 지키지 못할
율법과 선행과 사회정의만 외쳤었다.

목사 개인으로서는
똑바로 살아야 한다고 되뇌는 만큼
나의 삶은 빗나갔고
착하게 살아보려고 몸부림치는 만큼
두 얼굴을 가진 위선은
그 깊이를 더해갔다.

'살기가 등등하여'
그리스도인을 잡으러 다녔던 바울처럼
나는
내 내면으로부터 오는 분노와 두려움, 상처가 밀려올 때마다
내 생각의 굴레에 갇혀 빠져나올 수 없었다.

내 생각에 휘둘리지 않는 자유를 누리고 싶었고
육신적 욕망에 굴복하지 않는 자유를 누리고 싶었다.

그러나 어둠은 더 어둡게
죄의 무게는 더 무겁게
사탄의 공격은 더욱 집요하게 나를 괴롭혔다.

그러던 어느 날
내 고단한 운명의 길이
바울이 걸었던 다메섹으로 가는 길이 되어

교회 부흥의 야망을 품은 목사의 길이 아닌
하나님이 약속하신 언약의 여정이 되었다.

내 삶의 B.C 라이프는 그렇게 끝이 나고
나의 주, 그리스도 예수 안에서 A.D 라이프가 시작된 것이다.

다른 것이 또 있다.
그전의 설교가 힘없이 돌아오는 메아리였다면
이제 나의 강단은
하나님의 말씀을 날것 그대로 선포하는 케리그마가 되었다.

성도들의 환심을 얻어
예배당을 키워보려고
대형교회 목사의 설교를 베끼고 흉내 내기도 하였고
닫힌 마음을 열어보려고
심지어 시도 읊었다.

지금 생각해보면 참 뻔뻔하고 저열한 행위인데도
영적 어둠에 갇혀 있던 그때로서는
전혀 내 자신을 사실적으로 보지 못했다.

나는 이제 다르다.

생각으로부터 휘둘리지 않는 자유는
진리의 궤도 안에서만
가능함을 나는 믿는다.

하나님의 말씀은 설득이 아니라 선포다.
청유형이 아니라 명령형이다.

해도 되고 안 해도 되는 것이 아니다.
믿어도 되고 안 믿어도 되는 것이 아니다.

케리그마 'Kerygma κηρ σσω'
왕의 명령을 온 백성에게 선포하는 대언자로서
나는 선포한다.

하나님의 말씀을 날것 그대로
성경의 결 따라
구약과 신약의 궤를 벗어나지 않는
케리그마를
「영혼치유 | 선포메시지」의 후속편으로
이 책에 담는다.

전 세계와 전 지역에 흩어져
이 선포에 화답해준 예수사랑 제자들과
가까이서 격려해준 가족들 모두에게
그리고 나의 목소리를 활자로 담아 준
HIM 출판사 동지들에게도
감사와 사랑을 전한다.

2021년 10월 청명한 날에
김서권 목사

여호와여 어느 때까지니이까 나를 영원히 잊으시나이까
주의 얼굴을 나에게서 어느 때까지 숨기시겠나이까
나의 영혼이 번민하고 종일토록 마음에 근심하기를 어느 때까지 하오며
내 원수가 나를 치며 자랑하기를 어느 때까지 하리이까
여호와 내 하나님이여 나를 생각하사 응답하시고 나의 눈을 밝히소서
두렵건대 내가 사망의 잠을 잘까 하오며
두렵건대 나의 원수가 이르기를 내가 그를 이겼다 할까 하오며
내가 흔들릴 때에 나의 대적들이 기뻐할까 하나이다
나는 오직 주의 사랑을 의지하였사오니 나의 마음은 주의 구원을 기뻐하리이다

**시편 13편 1~5절**

나는 이제, **다르다**

# 사망의 잠에서
# 깨어나라

## 사망의 잠에서 깨어나라 - 1

뒤척거리는 사망의 잠에서 깨어나라.
그리스도의 숨결을 불어넣어라.

사망의 잠에서 일어나지 않으면
내 대적이 기뻐하며
내가 흔들릴 때
내 원수가 이겼다고 웃을까 두렵다.

끝없는 방황을 멈추고 예수 그리스도를 따라가라.

내 운명을 바꾸는 유일한 길이 나에게 왔다.
나는 예수 그리스도를 통하여 구원의 선물을 받았고
성령의 임재 속에서
기도하면 응답 받는 권세를 가졌다.
그리스도 없는 구원은 인생 쑥대밭이 된다.

예수 그리스도를 따라가는 나에게
하나님이 약속하신 언약이
사도행전 1장 8절이다.
오직 성령이 임하시면 나는 땅끝까지 증인이 되는 것이다.

예수님은 말씀하셨다.
'Follow Me!' - 나를 따라 오너라!

말씀이 육신이 되어 나에게 오신
그리스도를 따라가는 삶이
가장 행복한 삶이다.

내 자아를 부인하고 내 십자가를 지고
예수님을 따라가면 쉽고 가볍고 편하다.
사망의 음침한 골짜기에서도 나를 지키시고
원수의 목전에서 내게 상을 베푸신다.

요한복음 2장 21절
시편 13편 1~5절
마태복음 11장 28절
시편 23편 4~5절

사망의 잠에서 일어나지 않으면
내 대적이 기뻐하며
내가 흔들릴 때
내 원수가 이겼다고 웃을까 두렵다.

**나는 이제, 다르다** 1
사망의 잠에서 깨어나라

## 사망의 잠에서 깨어나라 - 2

구원 안에는 육체의 욕망을 통제하는 힘이 있다.
육체의 소욕은 성령을 거스르고 성령은 육체를 거스른다.

썩어질 육체에 집착하지 말고
그리스도의 새 영을 불어넣어 충만하라.

사망이 왕 노릇 하는 육체에 초점을 맞추니
문제가 안 풀리는 것이다.

돈만 있으면 행복할 거라는 사탄의 속임수에 속지 말라.
하나님은 과부의 두 렙돈도 귀히 여기신다.
써보지도 못하고 쌓아 놓는 돈이 재앙의 근원이다.

합리적 사고, 종교적 체질, 옛사람의 틀을 깨버리고
내가 옳다고 하는 고집, 사상, 철학을 사로잡아
그리스도 앞에 복종시켜라.

유전과 전통은 초등학문이며
그리스도를 따르지 못하게 하는
헛된 속임수다.
땅에 있는 지체와 음란과 사리사욕, 탐심은 우상 숭배다.

나는 사망으로 썩어들어가는 자에게 필요한 소금이며
어둠 속에서 시달리는 자에게 비취는 빛이다.

나는
안전지대가 없는 이 시대의
남은 자, 남을 자를 찾는
하나님의 거룩한 씨, 그루터기다.

갈라디아서 5장 17절
골로새서 2장 8절
골로새서 3장 5절
마태복음 5장 13~16절
이사야 6장 13절

착각하지 말라.
하나님은 폭군이 아니시다.
깨달으라고 때리시는 분도 아니고
죄지었다고 벌주시는 분이 아니다.
나에게 상 주시는 분이시다.
나의 모든 죄를
십자가 죽음으로 대속해 주신 분이시다.

**나는 이제, 다르다** 1
사망의 잠에서 깨어나라

## 사망의 잠에서 깨어나라 - 3

밤에는 사탄과 잠을 자고
낮에는 사람을 의식하여
사탄의 미소를 짓는가?

지금, 사망의 잠에서 깨어 일어나라.

거듭나라.
거듭나지 않으면 예수님과 아무 상관이 없다.

당대 최고 성경학자, 니고데모도
'거듭나라'하는 예수님의 말씀을 이해하지 못하였다.

## 사망의 잠에서 깨어나라 - 4

부처님도, 공자님도
흉내낼 수 없는
하나님의
지상 최고의 선언은

창세기 1장 1절,
창조주 하나님의 천지창조와
예수 그리스도의 부활이며
세상 끝날까지
'나와 함께 하시겠다'는 하나님의 보증이다.

요한복음 3장 9~21절
마태복음 28장 20절

## 사망의 잠에서 깨어나라 - 5

하나님의 상속자로서
미래의 보증을 받은 나.

하나님의 손에서 나를 빼앗을 자 없다.

말 못할 고민도
하나님 앞에 가져오라.

개인적 욕망을 깨뜨려
옛사람의 틀을 십자가에 못 박아버리는
고난의 과정을 통과해야만
아브라함처럼 복의 근원이 된다.

내 개인적 욕망은
흑암이고, 사망이다.

그리스도의 빛으로
흑암을 밀어내고
생명이신 그리스도 이름으로
사망 권세를 깨뜨려라.

내 것도 아닌 것을
내 것이라고 집착하는 사탄의 속삭임에 속지말라.

## 사망의 잠에서 깨어나라 - 6

사망의 잠에서 깨어나라.

교회에서
상처받았다고 울지 말고
먼저 하나님 앞에서
감동의 사람이 되어라.

교회는 성령님이 감독자시다.

예수님의 피로 값 주고 산
교회를 귀히 여겨라.

예수님을 따라다니면서
빵 먹고 병 고침 받은 유대인들은
울고불고 표적만 구하다가
결정적인 순간 예수님을 못 박았다.

예수 그리스도 이름으로
개인적 욕망을 깨뜨린 후
응답이 와야
진짜 영원한 응답이다.

교회에서
상처받았다고 울지 말고
먼저 하나님 앞에서
감동의 사람이 되어라.

**나는 이제, 다르다** 1
사망의 잠에서 깨어나라

## 사망의 잠에서 깨어나라 - 7

욕망 체질의 변화도 없이 우상 미신에 잡혀있으면,
불건전 신비주의에 빠져서
마음의 열매도 맺지 못하는 방언만 시끄럽게 하다가
불신자보다 못한 수준으로 전락한다.

체질 변화 없이 고상 떨며 기도하면
지식만 구하고

체질적으로 위로받기만 원하면
답도 없이 같이 울어주는 교회만 찾아다닌다.

창세기 3장 15절의 언약의 흐름을 타라.

메시아 그리스도는
객관적 진리다.

자칭 하나님을 잘 믿는다는 유대인은 표적을 구하고
고상한 헬라인은 지혜를 구하지만
하나님의 능력이고 지혜이신
그리스도만 구하고 찾으라.

고린도전서 14장 14~15절
고린도전서 1장 24절

## 사망의 잠에서 깨어나라 - 8

지금, 사탄의 속삭임을 차단하라.

'하나님 같이 되리라'는 사탄의 소리를 들으면
내 운명을 내 힘으로 내가 끌고 가면서
수고하고 무거운 짐을 진 채,
무너져버릴 바벨탑만 쌓는다.

'눈이 밝아질 것이라'는 사탄의 속삭임에 넘어가면
영적인 눈은 어두워져서 하나님과 불통되고
육신적인 눈만 밝아져서
선악만 따지다가 서로 정죄하고 핑계대고 비난하다가
인간관계가 분열된다.

'결코 죽지 아니하리라'는 사탄의 소리에 넘어가면
안 죽을 것처럼 집착하고 욕망하며 살다가
죽음을 두려워하여 마귀의 종노릇하며
비참한 인생으로 마감한다.

창세기 3장 1~6절
히브리서 2장 15절

## 사망의 잠에서 깨어나라 - 9

거룩함이란 성경책만 옆구리에 끼고 다니는 게 아니다.
거룩함이란 구별되었다는 뜻이다.

예수 그리스도는
종교 사상이 만들어낸 이 세상 신과 구별된 이름이다.

나는 예수 그리스도를 영접한
하나님의 구별된 자녀다.
나는 더 이상 마귀의 씨가 아니다.
예수 그리스도께서 핏값을 지불하여
나를 샀으므로 나는 하나님의 거룩한 성도다.

착각하지 말라.
하나님은 폭군이 아니시다.
깨달으라고 때리시는 분도 아니고
죄지었다고 벌주시는 분이 아니다.
나에게 상 주시는 분이시다.
나의 모든 죄를 십자가 죽음으로 대속해 주신 분이시다.

내 속의 더러운 것부터 쫓아내라.
그러면 내 안에 하나님의 나라가 임한다.
하나님의 나라는 여기 있다, 저기 있다 하는 것이 아니다.
내 안에 있다.

더 이상 병든 나무로 살지 말라.
포도원을 허는 작은 여우부터 잡아라.

누구든지 그리스도 이름을 부르면
부끄러움을 당하지 않고 구원을 받는다.
하나님이 나를 부요케하신다.

요한복음 1장 12절
요한복음 8장 44절
고린도전서 1장 2절
히브리서 11장 6절
마가복음 10장 45절
마태복음 12장 28절
누가복음 17장 21절
아가서 2장 15절
로마서 10장 9~13절

거룩함이란
성경책만 옆구리에 끼고 다니는 게 아니다.
거룩함이란 구별되었다는 뜻이다.

나는 이제, **다르다** 1
사망의 잠에서 깨어나라

## 사망의 잠에서 깨어나라 -10

어떤 환란이나 위기가 닥쳐도
하나님의 음성을 들어라.
담대하라.
예수 그리스도는 세상을 이기셨다.
그리스도는 창조주 하나님이시다.

하나님의 영, 그리스도의 영이 떠나면
육체로 전락하여 심판을 피해 가지 못한다.

그리스도의 영, 생명의 영을 내 몸에 불어넣어라.
부활의 몸으로 살게 된다.
막힌 담이 무너지고
높은 산들이 낮아지며
대적의 문을 취하리라.

이것을 지금, 내가 믿고 있는가?

요한복음 16장 33절
창세기 6장 3절
창세기 22장 17~18절
요한복음 11장 26절

생각과 마음을
사탄의 작업장으로 내어주지 말라.
생각을 사탄에게 내어주면
문제를 만들어내는 생산공장이 된다.

나는 이제, **다르다** 1
사망의 잠에서 깨어나라

## 사망의 잠에서 깨어나라 - 11

건강한 나무는
건강한 열매를 맺는다.

제 때에 가지치기를 하지 않거나
벌레가 많으면
좋은 열매를 맺을 수 없다.

나무는 좋은데
열매가 나쁘다고 하지 말라.

내 몸의 기생충을 잡아야
내 삶에 건강한 열매가 오고
생각의 가지치기를 잘해야
아름다운 열매를 맺는다.

창세기 3장 15절, 구약의 주인공, 메시아
마태복음 16장 16절, 신약의 주인공, 그리스도
신약, 구약을 먹어야
내 안의 기생충이 박멸된다.

예수 그리스도 이름으로
내 몸을 묶고 있는
옛 체질, 옛 틀을 깨뜨리는 가지치기가 있어야
거룩한 그리스도인으로 살 수 있다.

마태복음 17장 15~18절
베드로전서 1장 16절

## 사망의 잠에서 깨어나라 - 12

하나님은
재앙의 시대에
나와 이 시대를 살리는
하나님의 방법을 주셨다.

죽기를 무서워하므로 일평생 매여
마귀의 종노릇 하는 모든 자들을 놓아 주시려고
하나님은
만왕의 왕 예수 그리스도를
이 땅에 보내주셨다.

육신의 생각은 사망이다.
하나님이 나에게 주신 그리스도의 권세를 사용하라.
나의 의와 자아를 쳐서 복종시켜라.

나를 밀까부르듯 하는 사탄에게 속으면
영적 무감각과 무지 속에서
어느 날 찾아오는 치명적인 재앙을 벗어날 수 없다.

히브리서 2장 14~15절
요한일서 3장 8절
로마서 8장 6절
누가복음 22장 31절

## 사망의 잠에서 깨어나라 - 13

생각과 마음을
사탄의 작업장으로 내어주지 말라.

생각을 사탄에게 내어주면
문제를 만들어내는 생산공장이 된다.

내 몸에서 자아로 작동하는 사탄의 세력을
그리스도 이름으로 꺾어버려라.

죽음의 세력을 잡은 자, 곧 마귀를 멸하는
영적 싸움의 승리가 없으면
예수 그리스도의 부활이 추상적 이론에 머물러
어정쩡하게 교회만 다니다가 불화살 맞는다.

그리스도의 권세를 사용하라.
불안, 절망, 두려움, 욕심이 사라지고
부활하신 예수 그리스도의 영으로 충만하여
재창조의 역사가 일어난다.

히브리서 2장 14절

올바른 신앙 고백으로 내 생각부터 바꿔라.

'주는 그리스도시오
살아계신 하나님이십니다.'
성령을 힘입어 내 생각 속에 자리 잡은
더러운 귀신을 내어 쫓는 것이면 하나님의 나라가 임한다.

천명, 소명, 사명으로 주신 부활 이후의 메시지를
나에게 선포하라.
나는 전 세계 237 나라 왕들 앞에서
그리스도를 선포할 이 시대 주인공이다.

복음으로 뿌리내리지 못하면
섭섭마귀가 나를 미혹하여
슬픔과 공허 속에서
내 생각에 묶여 과거의 노예로 살다가
미래 준비도 못하고 허송세월 보낸다.

처처에 기근과 전쟁이 와도 끝이 아니다.
천국 복음이 모든 민족에게 전파되어야 끝이 온다.

그리스도의 제자로 살면
세상의 죽음 앞에서도 공포로 살지 않는다.
항상 기뻐하고,
쉬지 말고 기도하고, 범사에 감사하라.

마태복음 16장 16절
마태복음 12장 28절
마태복음 24장 14절
데살로니가전서 5장 16~18절

예수 그리스도의 새 영을
내 생각에 불어넣으면 기쁨이 오고
내 집에 불어넣으면 화평이 오며
내 직장에 불어넣으면
만남의 축복이 온다.

**나는 이제, 다르다** 1
사랑의 잠에서 깨어나라

## 사망의 잠에서 깨어나라 - 15

인생이 어디서부터 빗나갔는지
어디서부터 궤도를 벗어났는지 찾아보라.

성경은 인생이 어디서부터 빗나갔는지 밝히고 있다.

하나님의 영광이 떠나서 부터이다.

하나님의 영광이 나에게 임하면 행복이 온다.
어떻게 하나님의 영광이 나에게 올까.

하나님 떠난 문제, 죄의 문제, 사탄의 문제를 해결하신
예수 그리스도를 영접하라.

창세기 3장 15절 원시 복음, 구원의 길로 오신
예수 그리스도는
나의 죄를 대속하시고
부활하심으로 죽음을 이기시고
마귀의 일을 멸하신
살아계신 하나님이시다.

예수 그리스도의 새 영을
내 생각에 불어넣으면 기쁨이 오고
내 집에 불어넣으면 화평이 오며
내 직장에 불어넣으면 만남의 축복이 온다.

로마서 3장 23절

## 사망의 잠에서 깨어나라 - 16

사는 동안, 때로는 위급한 상황이 올 수도 있다.
도망치지 말고, 놀라지도 말고
예수 그리스도의 이름으로
하나님의 약속, 언약을 꽉 잡아라.

조급해 하지도 말고, 무기력 하지도 말고
그리스도의 타이밍에 맞추어
언약의 여정을 걸어가는 순례자가 되어라.

지금, 목마른 자, 그리스도께 나아가자.

예수 그리스도의 말씀에서 흘러나오는 생수의 강물이
내 몸에서 넘쳐흐르는 것이 곧 성령 충만이다.

조용히 하나님의 약속을 기다려라.
조급하면 세상 풍습, 세상 방법 따라가다가
성령 인도를 받지 못한다.

하나님의 타이밍이 있다.

세계를 호령한 애굽을 무릎 꿇게 하고
세계를 움직인 바벨론, 앗수르, 로마를 정복한
하나님의 타이밍은,
문설주와 인방에 유월절 어린양의 피,
십자가의 보혈을 바를때였다.

하나님의 타이밍은
예수 그리스도의 타이밍이다.

출애굽기 3장 18절, 12장 13절

## 사망의 잠에서 깨어나라 - 17

나에게 일평생 간증할 만한 증거를 하나님이 주셨다면
나는 진짜 그리스도의 제자다.

날 때부터 소경으로 태어나 어둠의 길을 걸었던 그에게
예수님은 말씀하셨다.

'나는 세상의 빛이다.'
'실로암에 가서 씻으라.'

그는 눈에 진흙을 바른 채 2킬로미터를 걸었다.
하나님의 말씀에 저항하지 않았다.

요한복음 9장 1~7절

### 사망의 잠에서 깨어나라 - 18

하나님의 말씀에 저항하지 말라.

육신적인 눈이 뜨인 감격보다
영적인 눈이 뜨인 감격과 감동은 어마어마한 것이다.
하나님의 말씀에 저항하면
성령의 역사도, 기적도 없다.

예수 그리스도의 고난과 죽음과 부활을
나의 몸에 사실적으로 받아들이면 생명적 증거가 온다.

예수님의 선포메시지, 케리그마는 생명의 씨앗이다.
생명의 씨를 내 몸에 심어야 하나님의 역사가 일어난다.

성령의 역사가 없으면
감격, 감사, 기쁨이 없는 미완성 그리스도인으로 산다.

예수님의 선포메시지,
케리그마는 생명의 씨앗이다.
생명의 씨를 내 몸에 심어야
하나님의 역사가 일어난다.

**나는 이제, 다르다** 1
사망의 잠에서 깨어나라

## 사망의 잠에서 깨어나라 - 19

나에게 오신 예수 그리스도는 생명의 빛이시다.

내 안의 어둠을 빛으로 밀어내고
사망의 잠에서 깨어 일어나라.

내 안에 생명이 있다.

예수 그리스도는 길이시고 진리이시며 생명이시다.

태초에 말씀이 있었으니
이 말씀은 곧 창조주 하나님이시다.
말씀이 육신이 되어 나에게 오신분이 예수 그리스도시다.

예수 그리스도의 이름을 부를수록
그리스도를 믿는 믿음으로 부요해진다.

당당하라.
하나님의 손에서 나를 빼앗을 자 없다.

요한복음 1장 1절, 4절, 14절
요한복음 14장 6절

## 사망의 잠에서 깨어나라 - 20

이 시대 하나님이 나를 원하셔서 부르셨다.
그래서 나는 하나님을 찬송한다.

하나님의 기쁘신 뜻대로
그리스도로 말미암아
하나님의 자녀가 되었다.

하나님의 소원, 하나님의 한 맺힘을 가진 내가 맞다면
하나님은 나의 삶을 축복할 수밖에 없다.

예수 그리스도 이름으로 내가 가는 곳마다
흑암이 무너진다.
사탄의 올무와 전염병에서도
하나님은 나를 지키신다.

사자와 독사를 밟으며
젊은 사자와 뱀을 발로 누르는 영적인 힘이
나에게 온다.

깃으로 덮으시고
날개 아래 피하게 하시는 하나님은
밤에 찾아오는 공포와 낮을 때 찾아오는 재앙에서
나를 지키신다.
악인들의 보응을 내 눈으로 똑똑히 보게 하신다.

하나님은
나를 보배롭고 존귀하게 여기신다.

에베소서 1장 5절
시편 91편 13절
이사야 43장 4절

## 사망의 잠에서 깨어나라 - 21

하나님 같이 되어 보려다가
내 기준에 빠져 고집불통으로
남에게 피해주면서 살고,

선악만 따지다가
육신적인 눈만 밝아져서
맞네 틀리네, 옳네 그르네, 남에게 시비 걸고 따지면
스트레스 받아서 몸과 마음만 썩어 들어간다.
의인으로 살려다가 결국 죄인으로 사는 게 인생이다.

사이비 바이러스, 염려 바이러스가 침투하면
안 죽으려고 집착하고 몸부림치다가
결국 사탄의 올무에 잡혀 슬픈 운명대로 산다.
이것이 창세기 3장의 삶이요,
여기서 빠져나오는 길이 창세기 3장 15절, 21절이다.

뱀 속에 들어간 사탄의 속삭임에 속아서
원죄에 빠진 나를 구원하신 메시아 예수 그리스도는
순한 양처럼 십자가에서 피 흘려 죽으시고
죽음을 이기고 부활하셔서
사탄의 머리를 밟아버리신 것이다.

창세기 3장 1~6절

## 사망의 잠에서 깨어나라 - 22

예수 그리스도의 피로 내 죄를 탕감 받았으니
나는 사랑의 빚진 자다.

나는 빚진 자이니
육신에게 져서
육신대로 살 것이 아니다.
육신대로, 내 생각대로, 내 의지대로
내 배만 채우려고 사는 자는
이 세상 신을 주인 삼아 탐욕 속에서 산다.

영적인 눈을 떠라.
창세기 3장 15절을 사실적으로 믿으면
내가 싸워야 할 대상이 선명하게 보인다.

깨어있어라.
우는 사자 같이 덤벼드는 자가 있다.

나는 하나님 앞에서 빚진 자다.
그러므로
영혼을 사랑하라.

로마서 8장 12절
고린도후서 4장 4절, 11장 14절
사도행전 26장 18절
베드로 전서 5장 7~8절

나의 현주소는 어디인가.
내가 살고 있는 현주소는
'그리스도 안'이다.

**나는 이제, 다르다** 1
사망의 잠에서 깨어나라

## 사망의 잠에서 깨어나라 - 23

나의 현주소는 어디인가.
내가 살고 있는 현주소는 '그리스도 안'이다.

내 몸과 마음과 생각이 그리스도 안에 있지 않고
그리스도 밖에 있으면,
세상 풍습을 좇아, 불안 속에서 염려하다가
내 마음과 생각에 어둠이 덮쳐서
뉴스 보다가, 세상 여론에 귀 기울이다가
질병의 두려움과 공포에 시달린다.

아무것도 염려하지 말고
오직 기도와 간구로
지각에 뛰어나신 평강의 하나님께 구하라.
그리하면 내 마음과 생각을 지키신다.

예수 그리스도께서
내 마음과 생각을 지키시지 않으면
가룟 유다 마음에 사탄이 들어가
예수를 팔려는 마음을 집어넣고
자살에 이르게 했듯이
순간, 사탄이 내 생각을 파고들어가
내 심령을 죽이고 멸망시킨다.

빌립보서 4장 6~7절
요한복음 13장 2절
요한복음 10장 10절

## 사망의 잠에서 깨어나라 - 24

믿음이 있으면 하나님을 기쁘시게 한다.
하나님은 살아계신다.
나에게 상 주시는 분이심을 잊지 말라.

뒤에서 애굽 군대가 달려와 나를 죽이려 하여도
홍해가 앞을 가로막고 있어도
놀라지 말고 두려워하지 말라.
'가만히 서서' 여호와 하나님이 나를 위해
어떻게 싸우시는지를 보라.
구원을 행하시는 하나님은 승리의 하나님이시다.

나를 위해 싸우시고 일하시는 하나님은
나를 증인으로 세우신다.
하나님이 나에게 주신 왕권을 사용하라.
나는 신적 권위를 가진 하나님의 자녀다.
나는 이미 죄와 사망의 법에서
생명의 성령의 법으로 완전 해방 받은 존재다.

나는 지금, '그리스도 안'에 있는지, 질문해보라.

히브리서 11장 6절

## 사망의 잠에서 깨어나라 - 25

인생의 전환점은
하나님의 말씀으로 생각을 바꿀 때 시작된다.
생각의 변화는 기적의 시작이다.

공포 바이러스가 뇌에 각인되면,
공중권세 잡은 이 세상 신이
세상 방법으로 살려고 몸부림치는 나에게
침범해 들어온다.

어떤 위기상황 속에 있을지라도
영적 권세를 사용하여 영적인 환경으로 바꿔라.

바울과 바나바는 부당하게 감옥에 갇혔으나
원망 불평하지 않고
기도와 찬양으로 감옥 문을 열었다.

고린도후서 4장 4절
사도행전 16장 26~40절

인생의 전환점은
하나님의 말씀으로
내 생각을 바꿀 때 시작된다.
생각의 변화는
기적의 시작이다.

**나는 이제, 다르다** 1
사랑의 잠에서 깨어나라

## 사망의 잠에서 깨어나라 - 26

내 인생을 가로막고 있는
옥문이 나를 답답하게 하는가.
하나님의 절대 주권과 절대 계획을 믿어라.

땅을 진동시켜 옥문을 열어주신 하나님은
바로의 말과 병거와 마병을 바다 가운데 던지시고
홍해를 마른 땅 같이 건너게 하셨다.

원수가 내 뒤를 쫓아
칼을 빼어 내 생명을 노리며
내 인생을 갈취하여 노예로 살게 만들 때
창세기 3장 15절, 메시아 그리스도 이름으로
원수의 머리를 밟아버려라.

하나님의 말씀을 추상적으로 믿으면
위기 상황을 영적 환경으로 바꾸지 못하고
사탄의 함정에 갇히게 된다.

마귀의 일을 멸하신 만왕의 왕, 그리스도를
사실적으로 믿어라.

출애굽기 15장 1~19절
출애굽기 15장 9절
요한일서 3장 8절

## 사망의 잠에서 깨어나라 - 27

그리스도의 권세가
내 안에서 생명으로 작동하게 하라.

이때부터 영적인 여정이 시작된다.
내 생각을 들쑤시고 다니는 더러운 귀신을
하나님의 성령을 힘입어 사로잡아 내어 쫓으라.

영적 싸움을 놓치면
시달리는 얼굴이 되고
두려움으로 가득 찬 눈빛이 되어
세상 앞에서 벌벌 떨게 되고
확신 없는 나를 사탄은 정확하게 낚아챈다.

내 심령을 생명으로 바꿔라.

예수는 그리스도, 하나님 만나는 길.
예수는 그리스도, 모든 죄를 사했네.
예수는 그리스도, 흑암 권세 꺾였네.
예수는 그리스도, 모든 문제 끝.

예수는 그리스도, 고백하라.
하나님의 말씀에 순복하라.
마귀를 대적하라.
하나님을 인정하고 순종하는 나에게
하나님은 역사하신다.

하나님의 명령에 순종하라.
하나님의 말씀은 청유형이 아니라, 명령형이다.

'사탄을 결박하라' 하면 결박하라
'마귀와 싸워라' 하면 싸워라
'맞장 떠라' 하면 맞장 떠라.
'성령충만 받고 땅끝까지 증인 되어라' 하면 증인 되어라.

마태복음 12장 28절

## 사망의 잠에서 깨어나라 - 28

내 기준, 내 고집 부리면
망하는 길로 가는 것이다.
한계가 찾아오면
몸부림치지 말고
말씀의 흐름을 타라.
내 논리대로 하나님을 판단하지 말라.
기분따라, 감정따라
돈만 따라가는 세상적 기준으로
하나님과 거래하지 말라.

영적 싸움으로 하나님의 나라를 누리고 선포하라.

'내 기준으로 하나님의 말씀을 믿지 못하게 하고
하나님의 말씀에 순종하지 못하게 하는 사탄의 세력은
예수 그리스도 이름으로 떠나갈 지어다!'

사망 권세 잡은 자가 우는 사자처럼 달려들어도
그리스도의 권세로 영적 싸움하는 나는
절대로 무너지지 않는다.

## 사망의 잠에서 깨어나라 - 29

세상 임금이 장악한 세상에서는
폭력과 탄압이라는 힘이 눈에 보이지 않게 움직인다.
그래서 내 자신도 모르게
뭔가 눌리는 느낌이 오는 것이다.

돈의 힘에 눌리면,
이해관계에 묶여서 동기에 따라 이간하고 아첨한다.
지식의 힘에 눌리면,
가면 쓴 위선자들의 헛소리에 속아서
여론과 충동질에 휘둘린다.

세상의 파워가 나를 누를 때
하나님의 말씀으로 이겨라.

하나님의 성령, 그리스도, 그 이름을 힘입어
내 속에서 하나님을 믿지 못하도록 불신앙하게 만들어
나를 짓누르는 저주의 세력을 내어 쫓아라.
내 속에서 역사하는 강한 자를 결박하라.
오는 세대와 가는 세대에
하나님이 나와 함께하는 축복을 받게 된다.

마태복음 12장 28~29절

## 사망의 잠에서 깨어나라 - 30

위로부터 오는 힘을 가져라.
흑암의 권세가 꺾이도록 그리스도의 능력을 소유하라.
어둠의 세력을 이길 수 있는 말씀의 능력만이
나에게 승리를 준다.

말씀이 육신이 되어 나에게 오신 예수 그리스도는
하나님의 지혜이고 능력이다.

그리스도를 소유하면 내 속사람까지 뜨거워진다.

사실적으로 성령의 역사를 체험하라.

하나님의 말씀을 내 영혼에 나의 것, 일인칭으로 담으면
옛사람은 가고
새로운 피조물로 거듭난다.

알파와 오메가시오, 처음과 끝이요
유일한 나의 구원자이신 예수 그리스도 안에는
능력과 권세가 충만하여
나를 흑암의 나라에서 하나님의 나라로 옮겨주셨다.
하나님의 말씀에 대한 절대 은혜가 있는 나,
대적할 자가 없다.

고린도전서 1장 24절
고린도후서 5장 17절

하나님의 명령에 순종하라.
하나님의 말씀은
청유형이 아니라, 명령형이다.

**나는 이제, 다르다** 1
사망의 잠에서 깨어나라

고난주간은
십자가를 바라보면서
슬퍼하라고 있는 것이 아니다.

경건하지 않은 나를 위해
십자가에서 죽으심으로
나에 대한 사랑을 확증하신
예수 그리스도의 은혜 안에서
감사를 회복하는 기간이다.

그리스도의 영이 없으면 재생산이 안 되는 나.
분초마다 두려움이 밀려오는 나.
사람 말 듣고 비뚤어진 생각에 시달리고
뉴스 듣고 틀린 생각에 매몰되는 나.
하나님과 원수 되었던 나.

이런 나를 아시고 십자가에서 모든 문제 끝내주신
예수 그리스도께 감사가 회복될 때
고장 난 나를 하나님은 견인해 가신다.

내가 가진 기준, 상식을 포기하고
나를 개혁하여
견인해 가시는 하나님의 절대적 인도 속에 거하라.

나를 개혁해야
하나님의 말씀이 들린다.
말씀이 들려야 믿음이 온다.

믿음이 있어야 하나님을 기쁘시게 한다.

로마서 5장 8절
요한복음 19장 30절
로마서 10장 17절
히브리서 11장 6절

## 사망의 잠에서 깨어나라 - 32

하나님은 영이시니
영적인 눈을 떠야 하나님과 소통할 수 있다.

영적인 눈을 뜨는 사건을 거친 후
사도 바울은 예수님이 그리스도이심을 밝히 증거 하였다.

그리스도가 나의 사건이 되는 사건화
그리스도가 내 안에서 일하시는 사실화
그리스도가 나를 죽음에서 살려내신 생명화

그리스도가 내 안에서 사건화, 사실화, 생명화가 안 되면
언변이 좋은 말쟁이 설교자가 되어
회개하라, 헌신하라, 봉사하라, 강요하면서
인간의 근본문제, 운명에서 빠져 나오는 방법은
말해주지 않는다.

말쟁이 설교자 찾아서 돌아다니지 말고
그리스도의 증거가 나의 증거가 되게하라.

요한복음 4장 24절
사도행전 26장 18절

말쟁이 설교자 찾아서
돌아다니지 말고
그리스도의 증거가 나의 증거가 되게하라.

나는 이제, **다르다** 1
사망의 잠에서 깨어나라

## 사망의 잠에서 깨어나라 - 33

창세기 3장에 출현하여 하나님을 믿지 못하도록
하나님과 나 사이를 이간질한
사탄의 정체를 폭로하고
기구한 운명에서 빠져 나오는
하나님의 방법, 창세기 3장 15절, 뱀의 머리를 밟아버린
여인의 후손, 메시아 예수 그리스도를 선포하는
전도제자를 하나님은 원하신다.

예수만 알고 그리스도를 몰랐던 성경학자 아볼로는
그리스도를 사건화, 사실화, 생명화한 평신도 전도자
아굴라 브리스길라 부부를 만난 후
'예수는 그리스도'라 증거하여
예수님을 오해한 바리새인 서기관 제사장을
유력하게 이겼다.

내가 만난 사람을 변화시키는 유일한 방법은
먼저 나의 옛 틀과 옛 기준을 깨버리는 영적 싸움을 통해
그리스도 안에서 새로운 피조물이 되어
예수는 그리스도라 밝히 증거 하는 것이다.

사도행전 18장 24~28절

성경의 결을 따라
언약의 여정을 걸어가는
순례자가 되어라.

**나는 이제, 다르다** 1
사망의 잠에서 깨어나라

## 사망의 잠에서 깨어나라 - 34

나는 왜, 하나님을 믿고 있는데,
깊은 내면에서는 두려움이 나를 사로잡고 있는지
나 자신을 들여다보아라.

광명의 천사로 위장하여 믿는 척, 되는 척 하지만,
내 속에서는 믿지 않는 거짓말쟁이 마귀의 일을
창세기 3장 15절, 여인의 후손
예수 그리스도 이름으로 무너뜨려라.
이것이 진정한 회개다.
이런 회개가 없으면, 내면의 두려움은 숨겨 놓은 채,
입으로만 떠든다.

말로만 떠드는 것은 귀신도 그렇게 한다.
'하나님은 한 분이신 줄을 믿느냐 잘 하는도다.
귀신들도 믿고 떠든다.'고 하였다.
하나님은 만홀히 여김을 받지 않으시니
하나님을 속이지 말라.
심은 대로 거둔다.

귀신 들린 여종 하나도
기도하러 가는 사도 바울에게
'지극히 높은 하나님의 종으로 구원의 길을 전하는 자'라며
떠들어대지만 정작 자신은 하나님을 믿지도 않고
오히려 전도자의 길을 방해만 하였다.

사도 바울은 광명의 천사로 위장한 귀신의 말에
교만하거나 우쭐하지 않고 오히려 심히 괴로워한 끝에
담대하게 선포하였다.
'예수 그리스도 이름으로 그 속에서 나오라' 하니
더러운 귀신이 즉시 나왔다.

야고보서 2장 19절
갈라디아서 6장 7절
사도행전 16장 16~18절

## 사망의 잠에서 깨어나라 - 35

예배는 드리는데 영적 승리가 없으면
귀신 들려 점치는 여종처럼
돈 벌어주는 노예로 전락한다.

창세기 3장 15절의 위대성을 아는가?
하나님과 이간질하여 불신앙 속에 빠뜨려
육신적인 눈만 밝게 하는
뱀의 머리를 밟아 버리지 않으면
나 자신은 갱신하지 않고
남에게 지적질만 하다가 인간관계는 파괴되고
어둠 속에서 슬픈 고독에 빠져든다.

## 사망의 잠에서 깨어나라 - 36

영혼의 치유를 받으면
마음과 생각에 치유가 임하여
모든 것을 초월하는 힘이 온다.

그리스도는 만물을 복종케 하는 창조주 하나님이시다.
그러므로 그리스도, 복음을 부끄러워하지 말라.

인류 역사를 바꾸는 그리스도, 놀랍지 않은가.

역사를
BC Before Christ 에서 AD Anno Domini로 바꾼
그리스도는
내 삶도 BC에서 AD로 바꾸셨다.
예수님이 그리스도이심을 알면
내 인생 자체가 뒤바뀐다.

그리스도를 소유하면
BC적 삶, 즉 예수님 만나기 전의
운명적 재앙과 사망이 내 몸에서 떠나간다.

성경의 결을 따라
언약의 여정을 걸어가는 순례자가 되어라.

예수 그리스도에 집중하라.
그 이름을 부르는 것을 즐거워하면
무너졌던 몸에도 소망이 온다.

## 사망의 잠에서 깨어나라 - 37

이 세상은 질병 바이러스와 이단 바이러스에 의하여
두려움과 염려로 떨고 있다.

세상 뉴스와 땅의 것에 마음과 생각을 빼앗기지 말고
그리스도 안에 있는 재창조의 축복을 누려라.

죄와 허물로 죽었던 나를 살리신 예수 그리스도께서
십자가에서 나 대신 고통당하시고 죽으심으로
모든 문제 끝내셨음을
믿고 고백하라.

사도 바울은 귀신 들려 점치는 여종을 조종하면서
이득을 취하는 종교인들의 모함으로
감옥에 갇혔으나
자신에게 찾아온 부당함과 불합리함 속에서도
원망하거나 슬퍼하지 않았다.

고통스런 착고에 매여 있는 위기 상황 속에서도
오직 찬송과 기도로
마음과 생각이 하나님께 향해 있었다.

요한복음 19장 30절
사도행전 16장 19~25절

예수 그리스도에 집중하라.
그 이름을 부르는 것을 즐거워하면
무너졌던 몸에도 소망이 온다.

**나는 이제, 다르다** 1
사망의 잠에서 깨어나라

## 사망의 잠에서 깨어나라 - 38

지금
나의 생각과 마음의 방향은
하나님을 향해 있는가?
아니면 세상 뉴스를 향해 있는가?

하나님의 절대 주권을 믿어라.
어떤 위기 상황도 초월하는 영적 힘을 길러라.
그 힘은 창세기 3장 15절, 예수 그리스도의 능력으로
사탄의 머리를 밟아버리는 영적 싸움에서 나온다.

하나님의 절대 시간표와 절대 계획 속으로 들어가라.
막힌 문을 여시고 새 문을 여시는 하나님을 믿어라.
그리하면 영적 누림이 시작된다.

지금
나의 생각과 마음의 방향은
하나님을 향해 있는가?
아니면 세상 뉴스를 향해 있는가?

나는 이제, **다르다** 1
사망의 잠에서 깨어나라

하나님의 나라가 내 안에 임했다면
나에게 일어나는 증거들이 있다.

하나님의 말씀이 내 삶에서 성취된다.

전염병 시대 속에서도
유다 족속이 살아남은 것 같이
거룩한 씨, 그루터기는 살아남는다.

창세기 3장 15절, 여인의 후손, 메시아가
뱀의 머리를 밟음같이
창세기 3장, 사탄의 올무에 걸려들지 않는다.

내 유익만을 위한 거짓말쟁이
나 중심의 욕심쟁이, 요한복음 8장 44절의 마귀 체질을
영적싸움으로 개혁하여 요한복음 1장 12절
하나님의 자녀 체질로 바꾼다.

창세기 6장의 네피림, 우상과 귀신 문화 시대를 살아도
심판과 재앙에서 벗어나
안전함을 누린다.

창세기 11장, 하나님을 대적하는 교만과 집착으로
무너질 바벨탑만 쌓는 어리석음에서 벗어난다.

그리스도, 복음을
나의 복음으로 1인칭하여 전파하는
전도자의 삶이 시작된다.

평강의 하나님이 사탄을 밟아버리는 승리의 증거로
성경에 기록될 만큼,
로마서 16장 주역 제자의 삶을 산다.

237 나라, 땅끝까지
그리스도를 증거하는 증인이 된다.

이사야 6장 13절
로마서 16장 25절
로마서 16장 20절
사도행전 1장 8절

너희는 그 은혜에 의하여 믿음으로 말미암아 구원을 받았으니
이것은 너희에게서 난 것이 아니요 하나님의 선물이라
행위에서 난 것이 아니니 이는 누구든지 자랑하지 못하게 함이라

**에베소서 2장 8~9절**

나는 이제, **다르다** 2

# 하나님의 말씀으로
# 내 심장이 뛰게 하라

하나님의 말씀으로 내 심장이 뛰게 하라.

이 세상에서 내 것은 없다.
내 것이라고 주장할 때부터 문제가 온다.

모든 것이 내 소유라고 주장할 때부터
슬픈 인생이 시작된다.
내 것이라고 주장하는 감정적인 것이 욕망과 집착이 될 때
내 심장은 불화살을 맞게 된다.

하나님의 절대 주권을 인정하라.
남편도, 아내도, 자녀도, 하나님의 자녀이며
돈도 하나님의 것이라고 인정할 때 진정한 부요가 온다.

이 세상에서 내 것은 없다.
내 것이라고 주장할 때부터 문제가 온다.

**나는 이제, 다르다** 2
하나님의 말씀으로 내 심장이 뛰게 하라

이 세상의 종교 사상과 철학은 처음과 끝이 없어
사람들을 방황하게 만든다.
성경은 나를 절대로 헷갈리게 하지 않는다.

하나님의 말씀은 명확하시다.
'두려워 말라. 나 여호와는 처음과 끝이다.'

하나님이 사랑을 주시면 사랑하겠다,
믿음을 주시면 믿어보겠다,
돈을 주시면 헌신하겠다고 말하는 것은
다 허망한 말이다.

하나님은 나를 사랑하시되 죽기까지 사랑하심으로
나에 대한 사랑을 이미 확증하셨다.
나는 사랑의 빚진 자로서 마땅히
믿고 사랑하고 헌신해야 한다.

하나님의 은혜로 믿음과 구원을 선물로 받았으니
자랑치 말고
감사하고 감격하라.

선한 목자의 음성을 듣고 양의 문을 통과하라
구원과 부요가 오며, 나가도 복을 받고 들어가도 복을 받는다.

일어나 그리스도의 빛을 발하라.
열방의 재물이 내게로 온다고 이미 약속하셨다.

요한계시록 1장 17절
로마서 5장 8절
에베소서 2장 8~9절
요한복음 10장 9절
이사야 60장 1~5절

이 세상의 종교 사상과 철학은
처음과 끝이 없어
사람들을 방황하게 만든다.
성경은 나를 절대로 헷갈리게 하지 않는다.

나는 이제, **다르다** 2
하나님의 말씀으로 내 심장이 뛰게 하라

## 하나님의 말씀으로 내 심장이 뛰게 하라 - 3

사랑도, 믿음도, 헌신도, 내 힘으로 능으로 되는 것이 아니다.

오직 여호와의 신, 십자가에서 모든 문제 끝내신
그리스도의 영, 성령의 능력으로만 가능하다.

지금도 여호와의 눈이 불꽃같은 눈동자로 나를 지키신다.

예수 그리스도 안에 있는 나.
하나님의 손에서 빼앗을 자 없다.

스가랴 4장 6절
요한복음 19장 30절
스가랴 4장 10절
요한복음 10장 29절

## 하나님의 말씀으로 내 심장이 뛰게 하라 - 4

아등바등, 죽기 살기로 살지 말고
행복하게 살라.

예수 그리스도께서 십자가에서
모든 문제 끝내셨다.

하나님이 이미 이루신 일을
못 누리고 사는 것이 불신앙이다.

하나님의 말씀, 예수 그리스도의 계시를
믿지 않는 불신앙의 돌을 제거하라.

하나님을 떠나 죄 가운데 빠져
죽기를 무서워하므로
잘못된 기질과 잘못된 습관으로
마음과 생각이 부패되어
마귀의 종노릇 하며 살았던 나를 부르시어
살아서 역사하시는 하나님의 말씀, 예수 그리스도를 통하여
자유와 해방을 주신 하나님께 감사하라.

요한복음 19장 30절
히브리서 2장 14~15절

## 하나님의 말씀으로 내 심장이 뛰게 하라 - 5

나는 영원한 생명, 예수 그리스도께 접속되었다.

그리스도의 영, 부활과 생명의 영으로 살면 백전백승이다.
그리스도의 영, 부활과 생명의 영 없이 살면 백전백패다.

죽어서 냄새나는 나사로를 향하여
'나사로야, 무덤에서 나오라'
큰소리로 말씀하신 예수 그리스도께서
지금 내 이름을 부르신다.

절대 조급해하지 말라.
사탄에게 길들여진 생각에 휘둘리지 말라.
나의 옛 틀을 깨뜨려라.
지금 내 얼굴을 덮고 있는 불신앙의 흑암을 풀어버려라.

하나님의 절대 언약, 창세기 3장 15절, 메시아 그리스도께서
사탄의 머리를 밟아버리시고
현장에서 살아남는 방법으로 귀신을 내어쫓는 권세를 주셨다.
내 모든 약한 것, 병든 것을 고치는 권능을 주셨다.

하나님의 절대 언약을 잃어버린 채,
아등바등하는 마리아, 마르다를 바라보며
예수님은 우셨다.

마태복음 10장 1절
요한복음 11장 35절

분노를 화해로 바꾸지 못하면
내 가정과 가문과 나라에 대물림이 되어
서로 원수 맺게 되고

내 중심적 사고로
세상일에 죽기 살기로 열심을 내면
쌓아 놓은 바벨탑이 오히려 재앙이 되어
후대에게 멋진 신앙의 유산은 남겨주지도 못하고
더 큰 문제만 남긴 채,
어느 날, 허무하게 이 세상을 떠난다.

평온한 마음은 육신의 생명이나,
시기와 분노는 뼈를 썩게 한다.
미련한 자의 분노는 돌보다, 모래보다 무겁다.

나와 하나님 사이를 분리시키고
인간관계 속에서
분노의 불을 끄지 못하게 하는 존재에 대하여
성경만이
유일하게 밝히 폭로하고 있다.

내 내면을 흑암과 공허와 혼돈으로 장악하여
일평생 무서워하는 영의 종노릇하게 만드는
천하를 꾀는 자, 사탄은 하늘에 있지 못하고
분을 내며 이 땅에 떨어졌다.

창세기 3장 15절, 메시아, 예수 그리스도
평강의 하나님이 사탄을 내 발 앞에 무릎 꿇게 하셨다.

하나님께 순복하는 것은
마귀를 대적하는 것이다.
우는 사자가
나를 삼키려고 달려드는 이 세상에서
이 세상 신은 나를 혼미케 하여
그리스도 앞에 나아가지 못하게 한다.
그리스도는 하나님의 형상이다.

잠언 14장 3절, 27장 30절
창세기 1장 2절
요한계시록 12장 1~9절
로마서 16장 20절
야고보서 4장 7절
베드로전서 5장 8절
고린도후서 4장 4절

감정으로 살지 말고 복음으로 살라.
복음에는 하나님의 의가 나타나서
믿음으로 믿음에 이르게 하나니
의인은 그리스도를 믿는 믿음으로 산다.

내 인생의 스토리에서
도저히 이해가 안 되는 바로 그 문제
그 영적문제를 해결해 주시려고
하나님은 나에게 예수 그리스도를 보내주셨다.
이것이 바로 나의 굿 뉴스, 나의 복음이다.

로마서 1장 17절

평온한 마음은 육신의 생명이나,
시기와 분노는 뼈를 썩게 한다.
미련한 자의 분노는
돌보다, 모래보다 무겁다.

나는 이제, **다르다** 2
하나님의 말씀으로 내 심장이 뛰게 하라

## 하나님의 말씀으로 내 심장이 뛰게 하라 - 8

내 인생의 가장 안전한 피난처는
그리스도 예수 안에 있는
생명과 사랑이다.

문제가 찾아오면 혼란에 빠지지 말라.
이것이 사탄의 일인지, 하나님의 일인지 질문하지 말고
모든 문제와 생각을 사로잡아 그리스도께 복종시켜라.

사탄은 나를 잘 알고 있어서
내가 가장 두려워하는 문제를 미끼로 던져
반복적인 두려움과 불신앙의 늪으로 끌고 간다.

하나님은 이런 나를 위해 즉각적인 해답을 주셨다.
죄와 사망의 법에서
생명과 성령의 법으로 해방을 받으라는 것이다.

로마서 8장 1~2절

사탄은
나를 잘 알고 있어서
내가 가장 두려워하는 문제를
미끼로 던져
반복적인 두려움과 불신앙의 늪으로
끌고 간다.

나는 이제, **다르다** 2
하나님의 말씀으로 내 심장이 뛰게 하라

사탄은 끊임없이 하나님의 사랑을 의심하게 만들고
하나님과 나 사이를 분리시키고 이간한다.

속지 말라.
즉각즉각, 그때그때, 순간순간
예수 그리스도 그 이름의 권세, 창세기 3장 15절로
사탄의 머리를 밟아버려라.

하나님은 나를 때리시는 분이 아니시다.
내 모든 문제를 그리스도의 피로 대속하신 분이시다.

영적인 눈을 열라.

영적인 눈이 어두웠던 살인자 사울은
예수 그리스도를 만나, 영적인 눈을 뜬 후, 사도 바울이 되었다.

사도 바울의 고백이 나의 증거가 되게 하라.

'이 세상은 어둠으로 가득하니
나는 생명의 빛이 필요하구나.'

'내 몸에 빛의 갑옷을 입지 않으면
사탄의 권세에서 빠져 나올 길이 없는데
그동안 죄 사함의 권세가 있음을 알지도 못하고
사용하지도 않아서 살인자로 살았구나.'

'나는 하나님의 구별된 거룩한 자녀로서
어마어마한 하나님의 축복과 기업을 받았는데
이 축복을 다 놓치고 살았구나.'

창세기 3장 1~6절
마가복음 10장 45절
사도행전 26장 18절

## 하나님의 말씀으로 내 심장이 뛰게 하라 - 10

하나님의 능력보다는
내 기준, 내 생각,
내 중심으로 사는 것이 인본주의다.

인본주의에 매몰되면
감정적이고 감각적인 것으로 인생 낭비한다.
유치한 수준으로 변덕쟁이가 되어
통제력을 잃어버리고 상처만 쌓여간다.

하나님 아는 것을 대적하여 높아진
모든 이론과 생각을 사로잡아 그리스도께 복종시켜라.
내가 싸우는 병기는 육체에 속한 것이 아니라,
하나님 앞에서 나의 견고한 진을 파하는 강력이다.

나의 달려가는 길은 장거리 경주다.
푯대를 향하여 하나님이 예비하신
면류관을 바라보며 달려라.

장거리 주자는 쓸데없이
환경 보고 시달리거나 감정 따라 흔들리지 않는다.

고린도 후서 10장 4~5절

장거리 주자는 쓸데없이
환경 보고 시달리거나
감정 따라 흔들리지 않는다.

**나는 이제, 다르다** 2
하나님의 말씀으로 내 심장이 뛰게 하라

실제적으로 나에게 갈등과 의심이 찾아올 때
나는 어디로 방향을 틀고있는가?

육신적으로 가면 인간관계 파괴가 온다.
창조주 하나님의 절대 주권과 언약 속에 있다면
갈등, 낙심, 힘들게 하는 것 속에서 시험에 들거나,
남에게 시험을 주지 않는다.

무슨 일이 있어도 인간관계 속에서
자신의 영적문제를 먼저 발견하여
하나님의 절대 주권을 믿고
자신을 쳐서 복종시키는 기도에 힘써라.

하나님은 분명히
나에게 복의 근원이라고 약속하셨지만
현장에 가보면 나를 죽이려는 사람, 해치려는 사람이 있다.

인간관계 속에서 오는 한계로 인하여
애굽으로 도망간 아브라함은
뜨거운 네게브 사막을 건너는 고통을 철저히 체험한 후에야,
처음으로 하나님 앞에 단을 쌓고 여호와의 이름을 불렀다.
아브라함이
하나님의 절대주권을 인정했을 때,
비로소 가나안을 정복하였다.

하나님의 절대 주권을 인정할 때까지
하나님은 오래참고 기다리신다.

창세기 13장 18절

## 하나님의 말씀으로 내 심장이 뛰게 하라 - 12

하나님은 나에게 완벽하라고 요구하신 적이 없다.

개인의 종말이 있기 때문에
그리스도와 동행하면서
약간만 생각을 바꾸라고 하신다.

운명에 잡혀서 살지 말고
하나님의 자녀로 살라고 하신다.

바깥의 환경이 나를 격동케 하여도
순간순간, 예수 그리스도 이름으로
나를 불안하게 만드는 사탄의 머리를 밟으라고 하신다.

흑암의 나라에서 하나님의 나라로 나를 옮겨주신 그리스도,
만물이 복종하는 그리스도와 동행하면
나를 막을 자 없다.

골로새서 1장 13~15절

하나님은
나에게 완벽하라고 요구하신 적이 없다.

**나는 이제, 다르다** 2
하나님의 말씀으로 내 심장이 뛰게 하라

두려워 말라.
두려움에는 형벌이 따른다.
하나님은 사랑이시다.
사랑은 두려움을 내어 쫓는다.

내 생각 속에 두려움과 불신앙을 심는 존재,
죽음의 세력을 잡은 자, 마귀를 멸하시려고
만왕의 왕으로 오신 예수 그리스도는
죽기를 무서워하므로 마귀의 종노릇하는 나를
놓아주시려고 나에게 오셨다.

완전 복음, 예수 그리스도로 나를 살려내면
남도 살릴 수 있다.

요한일서 4장 18절
요한복음 13장 2절
히브리서 2장 14~15절

하나님의 나라와 의를 구하라는 것은
내 속사람 안에 있는
내 자아와 전쟁을 시작하라는 것이다.

**나는 이제, 다르다** 2
하나님의 말씀으로 내 심장이 뛰게 하라

하나님의 나라와 그 의를 구하라.

하나님의 나라와 의를 구하라는 것은
내 속사람 안에 있는
내 자아와 전쟁을 시작하라는 것이다.

내 육신의 자아와 의를 부인하고 깨뜨려야
하나님의 나라가 임하는 것이다.

그리스도의 권세와 성령의 역사를 알면
반드시 영적 전쟁을 시작하게 된다.

자아를 부인하는 영적 전쟁이 없으면,
결정적인 순간, 예수님을 부인하고
하나님 나라의 방해꾼이 되어
하나님을 비방하는 자로 전락하여
결국은 그리스도를 던져버린다.
하나님과 단절된다.

하나님과의 단절을 두려워하라.
뱀 구덩이 같은 내 자신의 사악함을 끊어버리고
무가치한 말, 독이 들어있는 말을 멈춰라.

**예수님을 따라가려거든 나를 부인하라.
나를 쳐서 복종시키는 영적 싸움에 승리하면
예수 그리스도께서 나의 주인이 되어주신다.**

마태복음 6장 33절
마태복음 12장 28~29절
마가복음 8장 34절
갈라디아서 2장 20절

## 하나님의 말씀으로 내 심장이 뛰게 하라 - 15

인생 여정 가운데 찾아오는 문제는
하나님의 말씀에서 답을 찾아라.

세상적 원리와 기준, 도덕적 수준,
율법적 논리는 내 몸에 죄로 쌓여서
끊임없이 정죄, 원망, 불평, 시기, 질투로 작동한다.

사망의 쏘는 것은 죄요, 죄의 권능은 율법이다.

날마다 내 자아를 쳐서 복종시키지 않으면
남에게 복음을 전파한 후에 버리움을 당한다.

내 자신을 이기는 영적 싸움에서 승리하면
집에서도, 직장에서도, 있는 자리에서
가장 사랑받는 존재가 된다.

고린도전서 15장 56절
고린도전서 9장 27절

내가 십자가에 못 박은 예수님을
하나님은 나의 주와
그리스도가 되게 하셨다.

**나는 이제, 다르다** 2
하나님의 말씀으로 내 심장이 뛰게 하라

사탄으로부터 길들여진
내 체질을 깔끔하게 정리하라.
내 몸이 성령으로 충만하지 아니하면
순간 어둠과 시험이 나를 덮어버린다.

복음의 근원을 가진 나,
예수 그리스도를 영접하고
하나님의 자녀로 재탄생된 나,
기도하는 내가 맞다면
문제 앞에서 복음이 우선되어야 한다.

하나님의 계획을 이루는 나,
무슨 일이든지 감사하라.
내 안의 욕심쟁이, 탐심을 제압하는 힘을 가진 나는
나누어 주기를 잊지 않으므로
하나님이 기뻐하신다.

일평생 인간관계마다 원수를 맺는다면
얼마나 고독한 일인가.

원죄적 고독에 몸부림치다가
열매 없는 가을 나무로 전락하는 인생이 되지 말라.

히브리서 13장 16절

## 하나님의 말씀으로 내 심장이 뛰게하라 - 17

모든 것을 잃었다 하여도
실패의 자리에 있다 하여도
예수 그리스도와 함께하면 괜찮다.

그리스도는 창조주 하나님이시고
죽음이 없으신 분이시다.
영생이 내 앞에 놓여 있으니
절대로 조급해하지 말고
여유로움을 가져라.

내 자아로부터 벗어나는 축복
사탄으로부터 길들여진 욕망에 굴복하지 않는 자유
내 생각에 휘둘리지 않는 자유를 누려라.

내 생각에 휘둘려 시달리는 것은
가룟 유다처럼 마귀가 놓은 덫에 걸려든 것이다.

예수 그리스도 이름으로 기도하는 나의 말은
하나님이 항상 듣고 계신다.

모든 악독과 기만과 외식과 시기와 비방하는 말을 버려라.
기만은 미끼를 던지는 것이고
외식은 겉과 속이 다른 것이다.

요한복음 11장 42절
베드로전서 2장 1절

창세기 3장 15절, 그리스도 이름으로
사탄의 머리를 밟는 영적 싸움 속에는
하나님의 언약이 있어
무한한 응답의 여정을 갈 수 있다.

하나님께 순복하라.
마귀를 대적하라.
그리하면 치명적으로 마귀에게 당할 일이 없다.

평강의 하나님께서 사탄을 내 발 앞에 속히 무릎 꿇게 하신다.

내 마음 속에서 하나님의 법과 죄의 법이 싸울 때마다
예수 그리스도의 은혜와 진리로 충만하라.

'땅에 있는 지체를 죽이라
곧 음란과 부정과 사욕과 악한 정욕과 탐심이니
탐심은 우상 숭배니라'

내가 십자가에 못 박은 예수님을
하나님은 나의 주와 그리스도가 되게 하셨다.

나는 그리스도를 통해서 이 세상을 넉넉히 이길 수 있다.

그리스도 없이 욕망덩어리로 살면
자고새가 낳지 아니한 알을 품음 같아서
인생말년에 인간관계는 다 깨지고 홀로 남아
막다른 길에서 전화할 한 사람도 없게 된다.
낳지도 않은 알을 품고 있어 어리석은 자가 된 것이다.

무릇 지킬만한 것 중에
내 마음을 지키라.
생명의 근원이 내 마음에서 나온다.

창조주 하나님, 예수 그리스도는
내 심장을 살피고 내 폐부를 시험하신다.

야고보서 4장 7절
로마서 16장 20절
로마서 7장 25절
골로새서 3장 5절
사도행전 2장 36절
요한복음 16장 33절
예레미야 17장 9~11절
잠언 4장 23절

참 빛, 생명의 빛으로 오신 예수 그리스도를 거부하면
은혜와 진리가 내 몸에서 사라진다.

일만 잘하는 일개미는
적을 만나면 싸우는 방법을 몰라서 도망간다.

본능적으로 욕심 따라 움직이는
악마의 옛 습성을 그리스도 이름으로 꺾어버려라.

나는 죽고 이제 내 안에 그리스도께서 사신다.

요한복음 1장 14절
갈라디아서 2장 20절

## 하나님의 말씀으로 내 심장이 뛰게 하라 - 20

독선적 자아로 장악된 나,
원망 불평으로,
생명의 주, 예수 그리스도를 십자가에 못 박은
내 자아를 그리스도 앞에 복종시켜라.

살아계신 하나님, 지금 현재, 생명의 빛이며,
빛의 근원이신 예수 그리스도의 빛이
내 안에,
내 집에 비추이지 않으면
순간 어둠이 덮어버린다.

말씀의 흐름을 타라.
말씀이 육신이 되어
그리스도로 오신 하나님이 나와 함께 계셔야
은혜와 진리로 충만해진다.

사도행전 3장 14~15절

## 하나님의 말씀으로 내 심장이 뛰게 하라 - 21

사탄의 미끼에 걸려들지 말라.

가룟 유다는 생각을 바꾸지 못해 비참해졌다.

그리스도 이름 속에 들어있는
참 왕 · 참 제사장 · 참 선지자의 권세를 나에게 적용하라.

그리스도의 영을 불어넣지 않으면
성공한 박애주의자 고넬료도 마귀에게 시달렸다.

가까이 있는 사람의 배후에 역사하는
사탄의 세력을 보지 못하면 가족도 원수가 되고
직장동료도 원수가 된다.

그리스도의 영을 처처에 불어넣으라.

내가 머무는 곳마다
하나님의 나라가 임하면 어마어마한 축복이 온다.

요한복음 13장 2절
사도행전 10장 38절
마태복음 10장 38절

대속주로 오신 그리스도가
나의 그리스도로 오시면
사랑하지 못할 사람이 없다.

**나는 이제, 다르다** 2
하나님의 말씀으로 내 심장이 뛰게 하라

## 하나님의 말씀으로 내 심장이 뛰게 하라 - 22

대속주로 오신 그리스도가 나의 그리스도로 오시면
사랑하지 못할 사람이 없다.

내가 아직 연약할 때
경건하지 않은 나를 위해 죽으시고
내가 아직 죄인이었을 때
나를 위해 죽으심으로
예수 그리스도는 나에 대한 사랑을 확증하셨다.

예수 그리스도께서 죽으심으로
나와 하나님을 화목하게 하신 것이다.

하나님과 나 사이를 이간질하여 하나님을 믿지 못하도록
나를 지옥까지 끌고 가는 천하를 꾀는 자,
궤계를 쓰는 영적 존재,
눈에 보이지 않으나
나를 공격하는
사탄 권세, 죄와 사망의 권세, 지옥 권세는
내 힘으로 이길 수 없다.

마가복음 10장 45절
로마서 5장 6~8절
로마서 5장 10절

## 하나님의 말씀으로 내 심장이 뛰게 하라 - 23

그리스도께서 목숨을 버려
많은 이의 목숨을 담당하며 범죄자를 위하여 기도하셨고

그리스도께서 율법의 저주에서 나를 해방시키셨다.

죄와 사망의 법으로 묶여있는 것을
예수 그리스도 이름으로 풀어내라.
하나님의 약속을 폐하거나 더하지 말라.
썩는 것으로 썩지 않는 것을 유업으로 받지 못한다.

사탄이 심어놓은 불신앙의 체질과 기질을
창세기 3장 15절, 메시아 그리스도 이름으로 밟아버려라.

하나님 떠나서 형성된 모든 두려움과 수치심, 교만함을
예수 그리스도 이름으로 깨뜨려라.

내 자아를 부인하면
모든 사람을 사랑할 수 있는 새 힘이 온다.

이사야 53장 12절
갈라디아서 3장 13~15절

복음은 생명의 씨앗이다.
복음을 심으면
부패한 것이 사라진다.

나는 이제, **다르다** 2
하나님의 말씀으로 내 심장이 뛰게 하라

## 하나님의 말씀으로 내 심장이 뛰게 하라 - 24

나 중심으로 살면
문제를 일으키고
하나님 중심으로 살면
하나님의 성령이 일하신다.

복음은 생명의 씨앗이다.
복음을 심으면
부패한 것이 사라진다.

나는 이제부터
그리스도 안에서 세상의 빛이다.

나는 이제부터
그리스도를 통해서
창조주 하나님을 아바 아버지라 부를 수 있다.

마태복음 5장 13~14절
갈라디아서 4장 6~7절

## 하나님의 말씀으로 내 심장이 뛰게 하라 - 25

알파와 오메가시요, 처음이요 끝이신 창조주 하나님
나의 구원자, 예수 그리스도를 깊이 생각하라.

사람의 말과 사상과 이념과 철학을 이기는 그리스도,
창세기 3장 15절, 사탄의 머리를 밟아버린 메시아,
원시 복음이 빠진 기도와 설교와 지식은
사탄이 준 독을 마시는 것이다.
모든 지식을 단순하게 만드는 것이 그리스도다.

예수 그리스도 이름으로
죄의 권세, 사탄의 권세를 밟아버리지 않으면
교활한 사탄은
집 문 앞에서 엎드려 기다리다가 불화살을 쏜다.

주춤주춤하지 말고
진짜 영적 싸움으로 꺾어버려라.
남의 것 빼앗지도 말고 욕심내지도 말고
생명 살리는 일에 앞장서라.

빌립보서 3장 8절
창세기 4장 6~7절

예수가 그리스도이심을
고백한 이후의 삶을 살라.
믿는 척, 기도하는 척, 응답받는 척하는
종교적 가면을 벗어던져라.

**나는 이제, 다르다 2**
하나님의 말씀으로 내 심장이 뛰게 하라

부자로, 똑똑함으로 살지 말고
심령이 가난한 자로, 하나님의 긍휼을 입은 자로 살라.

이생의 자랑과 욕망에 잡혀
일평생 마귀 체질로 길들여졌던 이전 것은 지나가고
이제 나는 새로운 피조물이 되었다.

예수 그리스도를 영접하고
하나님의 자녀 된 신분과 권세를 가졌다면
내 몸에 하나님의 광채와 형상이 나타나야 한다.
그리스도는 하나님의 영광의 광채시고 본체시다.

그리스도를 소유한 나는
문제 앞에서 갈대처럼 흔들리는 것이 아니라
반석 같은 교회다.
음부의 권세, 사탄의 세력이 나를 절대 공격하지 못한다.
하나님이 하늘 문을 여시고
나에게 천국 열쇠를 주셨다.

예수가 그리스도이심을 고백한 이후의 삶을 살라.
믿는 척, 기도하는 척, 응답받는 척하는,
종교적 가면을 벗어던져라.

고린도후서 5장 17절
히브리서 1장 3절

그리스도가 하나님의 권세임을 믿지 못하면
채워지지 않는 고독과 죽음의 공포 속에서
끊임없이 가르치려고 하거나
가르침을 받으려고 돌아다닌다.

신학으로 상담으로 안 풀리는 것이 인간의 근본문제다.
진리를 흉내 내는 종교, 철학 사상에 속지 말라.

아담과 하와의 가정을 파괴하고
가인의 집 앞에 엎드려 있다가
살인자로 만든 그 사탄은 지금도 활동하고 있다.

그리스도는 하나님의 지혜이고 권세다.
그리스도를 고백하면 모든 문제 끝이다.

창세기 3장, 4장 7절
고린도전서 1장 24절

신학으로 상담으로 안 풀리는 것이
인간의 근본문제다.
진리를 흉내 내는
종교, 철학 사상에 속지 말라.

나는 이제, **다르다** 2
하나님의 말씀으로 내 심장이 뛰게 하라

그리스도에 딱 붙어있어라.
바람 분다고
꽃샘추위가 싫다고 불평하지 말라.

바람이 불어서 흔들리기도 하고
추위도 견뎌내야
여름날 포도 열매가 싱그럽게 열리는 것이다.

영적 면역력을 키워라.

예수는 그리스도
고백했다면
담대하라.
나는 반석 같은 교회가 되었다.
음부의 권세가 나를 해치지 못한다.
천국 열쇠로 닫힌 곳을 열어라.

나의 주인 되신
예수 그리스도를
바르게 섬겨라.

내 영혼이
하나님의 시간표 속에 있음을 실감하라.

마태복음 16장 16절, 올바른 신앙고백 이후의 역사가
내 안에서 일어나게 하라.

오늘의 말씀, 오늘의 기도, 오늘의 전도로 나를 살려내라.
영적 면역력을 키워서 복음을 누려라.

마태복음 16장 16~20절

내 삶의 고난이
십자가로 해석되면 두려움이 없다.

하나님의 사랑을 십자가에서
이미 확증 받았으므로!

예수 그리스도는
나를 위해 십자가에서 피 흘리시고 죽으심으로
과거, 현재, 미래의 모든 문제를 완전히 끝내주셨다.

광야 같은 인생길에서
밤에는 불 기둥으로
낮에는 구름 기둥으로 인도하시는 하나님께서
지금도 나를 보호하신다.

로마서 5장 8절
요한복음 19장 30절
출애굽기 13장 21절

내 삶의 고난이
십자가로 해석되면 두려움이 없다.
하나님의 사랑을 십자가에서
이미 확증 받았으므로!

나는 이제, **다르다** 2
하나님의 말씀으로 내 심장이 뛰게 하라

하나님이 주신 꿈을 꾸어라.
하나님의 꿈을 꾸면 내 전문성에 비전이 온다.

그리스도 그 이름의 증거를 가진
사도행전적 그리스도인이 되어라.

나의 구원자, 예수 그리스도를 따라가라.
사람 낚는 어부가 되리라.

애굽에서 노예살이 했던 체질, 기질, 근성을 개혁하라.
하나님의 능력을 체험하라.
하나님의 천사가 나를 보호하신다.

하나님은
성막 중심으로 행진하는 이스라엘 백성을 보호하셨다.
하나님의 성령이 내 안에 거하시면
나는 하나님의 성전이다.

하나님의 성령, 진리의 영이신 그리스도의 영이 없으면
하나님의 사람이 아니다.
'죽으면 죽으리라.'
나를 부인하고 내 십자가를 지는
결단과 겸손함이 있어야 예수님을 따라갈 수 있다.

사도행전 1장 8절
마태복음 4장 19절
출애굽기 14장 19절
고린도전서 3장 16절
로마서 8장 9절
에스더 4장 16절
누가복음 9장 23절

## 하나님의 말씀으로 내 심장이 뛰게 하라 - 31

악으로 선을 갚으면
악이 그 집을 떠나지 않는다.

자신의 십자가를 지는 영적싸움으로
회개하지 않으면
돌이킬 수 있는 기회를 잃어버린다.

지금, 내 자아를 분별하라.
육이냐, 영이냐.

육으로 난 것은 썩어질 육이요,
영으로 난 것은 영원한 영이다.
예수 그리스도를 따르는 자는
어둠에 다니지 아니하고 생명의 빛을 얻는다.

참왕을 따르라.
마귀의 일을 멸하셨다.

십자가, 그리스도의 군병 되어라.
영적싸움이 안 되면
분이 나서 못살고
포용, 수용, 이해, 사랑이 안된다.

내가 죄인 되었을 때
나를 사랑하사 십자가에서 죽기까지
나에 대한 사랑을 확증하신 예수 그리스도의 사랑이
내 안에서 부딪혀와야
비로소
다른 사람을 수용하고 배려할 수 있다.

잠언 17장 13절
요한복음 3장 6절
요한복음 8장 12절
요한일서 3장 8절
로마서 5장 8절

## 하나님의 말씀으로 내 심장이 뛰게 하라 - 32

하나님은 나에게 이 땅에서 살아남는 방법을 주셨다.

하나님이 나에게 주신
그리스도의 신적 권위를 사용하라.
그리스도의 신적 권위는
세상의 기준과 수준과 이론을 초월한다.

하나님의 창조 원리 안에서 살지 못하도록
내 마음과 생각을 속이고
내 심령을 빼앗고 죽이는 사탄의 머리를
그리스도의 왕적 권위로 밟아버려라.

내 약점이 나를 찔러도 괴로워하지 말라.

아무것도 없지만, 그리스도 하나 내 영혼에 담았다면
내 안에서 착한 일을 시작하신 하나님이
그리스도의 날까지 나를 통해
하나님의 뜻을 이루어 가신다.

창세기 3장 15절
요한일서 3장 8절
빌립보서 1장 6절

## 하나님의 말씀으로 내 심장이 뛰게 하라 - 33

질병의 두려움이 밀려올 때, 놀라지 말라.

그리스도 안에 거주하며
하나님의 그늘 아래 사는 나는,
어두울 때 퍼지는 전염병과 밝을 때 닥쳐오는 재앙을
두려워하지 않는다.
천 명이 내 왼쪽에서, 만 명이 내 오른쪽에서 엎드러지나
이 재앙이 나에게 가까이 하지 못한다.

사자와 독사를 밟으며 젊은 사자와 뱀을
예수 그리스께서 내게 주신 신적 권위로 눌러버려라.
하나님은 나를 장수하게 함으로
나를 만족하게 하신다.
구원의 증거가 나를 통해 나타나리라.

시편 91편 1~16절

주께서 이르시되
가라 이 사람은 내 이름을
이방인과 임금들과 이스라엘 자손들에게 전하기 위하여
택한 나의 그릇이라

**사도행전 9장 15절**

나는 이제, **다르다** 3

# 나는 이제, 다르다

## 나는 이제, 다르다 - 1

유대의 종교사상에 빠져서
살인의 광기를 가지고 살았던
사울의 B.C는
사도행전 9장 15절, 다메섹에서
예수 그리스도를 만나는 것을 기점으로
바울의 A.D로 전환되었다.

예수 그리스도를 만난 사울은
사도 바울이 되어
'나는 이제, 다르다'고 고백하였다.

광명한 천사로 가장하여 살던 삶.
하나님을 잘 믿는 척, 우월주의에 빠져
교만덩어리로 살던
옛사람의 틀에서 빠져나와
하나님의 말씀에 순응하여
전도자의 삶을 살겠다는 결단은
영적인 눈이 열려야 가능하다.

영적인 눈을 열어서
어둠에서 빛으로 빠져나오면
내 몸 전체에서 역사하는 사탄의 권세를
풀어낼 수 있다.

B.C와 A.D의 전환점을 체험한 바울은
광풍이 밀려와도 흔들리지 않았고
미움과 시기와 질투와 핍박 앞에서도
담대함과 고요함과 평안함으로
많은 왕들 앞에서 성경적 복음을 증거한
이방인의 그릇이 되었다.

사도행전 26장 18절

## 나는 이제, 다르다 - 2

그리스도인은
'나는 이제 다르다'고
선포할 수 있는 변화의 스토리가 있어야 한다.

예수 그리스도를 만난 사도 바울의 고백이
나의 고백이 되게 하라.

나는 이제 영적인 눈을 떠서 너희들과 다르다.
나는 이제 사탄의 권세에서 하나님께로 나아가는 길
하나님 만나는 길을 알기 때문에
나는 너희와 다르다.
나는 어둠에서 빛으로 나아가
빛의 자녀가 되었기에 너희들과는 다르다.
나는 이제 죄의 사슬에서 벗어나
하나님의 자녀 된 신분권세를 가지고
땅끝까지 이르러 증인이 되리라는 하나님의
절대 목표 속에 있기 때문에
나는 이제 다르다.
나는 창조주 하나님, 예수 그리스도 안에서
하나님께로부터 구별함을 받아
거룩한 무리가 되었기에 나는 다르다.

내가 하나님과 원수 되었을 때
하나님께서 하나님의 아들 예수 그리스도를
십자가에 못 박혀 죽게 하심으로
하나님과 나 사이를 화목케 하셨으므로
나는 이제 그리스도 예수 안에서 새로운 피조물이 되었다.
보라, 이제 나는 다르다.

나는 이제 이방인과 임금들과 이스라엘 자손들에게
예수 그리스도의 이름을 전하기 위한
하나님의 택한 그릇이 되었다.

사도행전 26장 18절
로마서 5장 10절
고린도후서 5장 17절
사도행전 9장 15절

그리스도인은
'나는 이제, 다르다'고
선포할 수 있는
변화의 스토리가 있어야 한다.

**나는 이제, 다르다** 3
나는 이제, 다르다

## 나는 이제, 다르다 - 3

나는 본래, 예수 그리스도를 앞장서서 핍박하였기에
나는 이제, 날마다 나를 쳐서 복종시킴으로
그리스도와 함께 십자가에 못 박혔으니
이제는 내가 산 것이 아니라,
오직 내 안에 그리스도께서 사신다.

예수 그리스도는
내가 연약할 때 나를 선택하셨고
내가 죄인 되었을 때도 나를 사랑하시되, 끝까지 사랑하셨다.

부활하신 그리스도의 새 영으로 새로운 피조물이 되었으니
'나는 이제 다르다'

갈라디아서 2장 20절
로마서 5장 6~8절

## 나는 이제, 다르다 - 4

분노의 근원은 하나님을 떠난 것으로부터 시작된다.

의사의 실수로 어릴 적 시력을 잃은 크로스비 여사는
세상을 원망하거나 분노하지 않고
평생 8,000곡이 넘는 찬송을 작곡하여
하나님을 찬양하였다.

밀려오는 분노를 화해와 평화로 바꿨던 사도 바울은
자신을 죽이려는 바리새인, 종교인들 앞에서
당당하게 복음의 스토리를 증거 하였다.

다메섹에서 예수 그리스도를 만나기 전에는
주 믿는 사람들을 가두고 또 각 회당에서 때리고
그리스도의 증인, 스데반이 돌에 맞아 피를 흘릴 때에
그 곁에 서서 찬성하고 죽이는 사람들의 옷을 지켰으나
예수 그리스도를 만난 후,
'나는 이제 당신들과 다르다'고 증언하였다.

사도행전 22장 19~20절

악한 세상에서
나쁜 입이 분노케 하여도
하나님의 말씀을 믿어라.

믿음으로 들으면,
하나님의 음성이 들리고
믿음으로 바라보면,
하나님의 역사가 보인다.

나는 이제, **다르다** 3
나는 이제, 다르다

## 나는 이제, 다르다 - 5

기독교인은 달라야 한다.

분노의 불을 끄는 힘
내 이기적 자아를 꺾는 힘을 가져라.
분쟁을 일으키고 싶을 때, 이간하는 말을 하고 싶을 때
하나님의 인격, 그리스도의 인격을 실어서 자아를 깨뜨려라.

악한 세력과 나쁜 입이 강하게 움직여도
하나님의 말씀 안에 있으면
성령께서 역사하신다.

죽은 나사로를 살리신 예수님을 많은 사람들이 믿게 되니
기득권을 놓치지 않으려는 유대종교지도자들,
평소에는 교리 싸움으로 원수였던 바리새인, 사두개인,
교활한 헤롯까지 합세하여
예수님을 죽이려 하였다.

이 때, 정치와 야합한 대제사장 가야바는
예수 한 사람을 죽여서 민족이 편안해지자고 제안하지만
그의 나쁜 입은 오히려
예수 그리스도께서 만백성의 구주가 되실 것을
예언하는 말씀 성취의 입이 되었다.

'너희가 아무 것도 알지 못하는도다
한 사람이 백성을 위하여 죽어서
온 민족이 망하지 않게 되는 것이

너희에게 유익한 줄을 생각하지 아니하는도다 하였으니
이 말은 스스로 함이 아니요 그 해의 대제사장이므로
예수께서 그 민족을 위하시고
또 그 민족만 위할 뿐 아니라 흩어진 하나님의 자녀를 모아
하나가 되게 하기 위하여 죽으실 것을 미리 말함이러라'

악한 세상에서
나쁜 입이 분노케 하여도
하나님의 말씀을 믿어라.

믿음으로 들으면, 하나님의 음성이 들리고
믿음으로 바라보면, 하나님의 역사가 보인다.

시기와 질투와 분노의 불을 끄지 못한
헤롯 성전은 주후 70년, 돌 하나 남지 않고 무너졌으나
사도요한은 살아남아 하나님이 하신 일을 기록하였다.

생명의 주, 예수 그리스도를 시기하고 죽이는
종교주의를 경계하라.

내면에 자리 잡고 있는 분노와 시기와 질투의 불을
생명의 주, 예수 그리스도 이름으로 제압하라.
복음의 스토리를 당당하게 증거하는
매력적인 그리스도인이 되어라.

요한복음 11장 45~48절
요한복음 11장 51~52절

## 나는 이제, 다르다 - 6

'나는 이제, 다르다'고
당당히 말할 수 있다면 그것은
내가 변화되었다는 증거다.

사도 바울은 다메섹으로 가는 길에서
예수 그리스도를 만난 후
아그립바 왕 앞에서
하늘에서 보이신 것을 거스르지 않겠노라
담대하게 선포하였다.
심지어
그의 놀라운 역사를 보고 시기 질투하여 죽이려는
유대종교지도자들 앞에서도
여유 있게 확신을 가지고 증거하였다.

'나는 이제, 다르다'

'내가 예수 그리스도를 만난 것 외에는
당신들과 다른 것이 없다.'
'예수 그리스도를 믿기 전에는, 당신들이나 나나 똑같이
열심도 있고, 고집도 있었고,
길리기아 다소의 가말리엘 문하 출신으로
교만하기도 했고, 당신들보다
더 극성스럽게 여호와 하나님을 섬겼다.

얼마나 극성스러웠던지 그리스도인들을 잡아다가
감옥에 쳐 넣고
사회에서 단절시키려고 공문까지 받아서
다메섹까지 돌아다니며 예수를 핍박했다.
그러나 이제 나는 다르다.'

'예수 그리스도를 만나기 전에는
예수 그리스도가 하나님이신 것을 나는 몰랐다.
그러나 이제는 알게 되었다.

예수님이 창세기 3장 15절에 예언되었던
여자의 후손, 메시아 그리스도
창조주 하나님인 것을 알게 되었다.

이 은혜의 복음, 그리스도가 내 몸에 있다.
그래서 나는 당신들과 다르다.
하나님의 선택에 의해 내가 존재하고,
하나님의 강권적 역사로 인해
당신들과 똑같았던
내가 달라졌다.'

사도행전 26장 19절

## 나는 이제, 다르다 - 7

'나는 이제, 다르다.'
이것이 사도 바울의 핵심메시지다.

불가항력적 그리스도의 증거는 내면에서부터 나와야 한다.

질병이 와도, 실패가 와도, 배반을 당해도, 역경이 찾아와도,
먹을 것이 없어도, 매를 맞아도,
그리스도께 완전 포로가 되어버렸기 때문에
바울은 사나 죽으나 주의 것이 되었다.

나 역시 그리스도를 만난 후
어둠에서 빛으로
사탄의 권세에서 하나님께로
죄의 권세에 사로잡혀 율법주의로
하나님을 섬겼던 모든 저주와 재앙이
그리스도의 피로 죄사함을 받아 모든 문제가 끝나게 되었다.

나는 이제, 그리스도를 믿음으로
거룩한 하나님의 자녀가 되어
무한한 하나님의 기업, 하나님의 나라를 얻게 되었으므로
하늘에서 보이신 그리스도, 그 이름을 절대 거스르지 않겠다.

나는 이제,
예수 그리스도, 십자가 죽음을 통해
다 이뤄놓으신 그 축복을 저버릴 수 없다.
그리스도가 내 인생의 길과 진리와 생명이심은
부인할 수 없다.
'그래서 나는 이제, 당신들과 다르다.'
이 증거가 나의 축복이 되었다.

빌립보서 3장 8~21절
사도행전 26장 18~19절

## 나는 이제, 다르다 - 8

나의 주, 예수 그리스도보다 귀한 것이 있는가?

돈은 많아도 피곤하고, 없어도 피곤하다.
지식은 많아도 스트레스, 없어도 스트레스다.

아버지, 다윗 왕의 배경을 입고
지상 최고의 호화로움과 영화를 누렸던 솔로몬은
'모든 게 헛되고 헛되다'고 고백하였다.

시간의 주인이신 창조주, 하나님은
먼저, 하나님의 나라와 의를 구하라고 말씀하신다.

하나님 나라의 일은 제쳐두고
이기적 욕망에 따라 열심히 달려가면 갈수록
밀려오는 스트레스를 감당할 길이 없어서
인간관계는 무너지고 어느 날 가족은 원수가 되어
쓸쓸하고 고독한 인생으로 전락한다.
마침내 영적인 문제가 찾아오면
하나님을 모욕하고 지옥까지 끌려간다.

하나님의 의를 통해서 이루어 놓으신 하나님의 나라
하나님의 성령, 예수 그리스도의 이름을 힘입어
내 속에 있는 더러운 귀신들을 내어 쫓는 것이면
하나님의 나라가 내 안에 임한다.

마태복음 12장 28절

사탄이 심어놓은 메모리칩을 제거하라.
내 속에서 참소하는 자,
사탄의 소리를 차단하라.

하나님은 나의 허다한 죄를 덮으시고
기억하지도 않으신다.

나는 이제, **다르다** 3
나는 이제, 다르다

## 나는 이제, 다르다 - 9

먼저 하나님 나라와 의를 구하면
나에게 필요한 모든 것을 더해주신다.

시간의 주인이신 하나님의 절대계획 속으로 들어가라.
나를 향한 하나님의 절대목표는
성령의 권능을 받고 땅끝까지
예수 그리스도의 증인이 되는 것이다.

하나님이 바울을 예정하시고 택하셔서
사명을 주신 것은
'주 예수보다 귀한 것이 없는' 충성이 있었기 때문이다.

나를 능하게 하신 그리스도 예수, 나의 주께
내가 감사함은
나를 충성되이 여겨 내게 직분을 맡기셨으니
직분을 감당할 은사와 능력과 경제력과 만남의 축복을
주시기 때문이다.

자격이 있어서 하나님이 나를 선택하신 것이 아니다.

'주 예수 그리스도보다 귀한 것은 없다'고 고백하는
사도 바울의 결론과 충성심이 나의 것이 될 때 나를 쓰신다.

'무엇이든지 내게 유익하던 것을
내가 그리스도를 위하여 다 해로 여길뿐더러
또한 모든 것을 해로 여김은
내 주 그리스도 예수를 아는 지식이
가장 고상하기 때문이라
내가 그를 위하여 모든 것을 잃어버리고
배설물로 여김은 그리스도를 얻고
그 안에서 발견되려 함이니
내가 가진 의는 율법에서 난 것이 아니요
오직 그리스도를 믿음으로 말미암은 것이니
곧 믿음으로 하나님께로부터 난 의라'

마태복음 6장 33절
사도행전 1장 8절
디모데전서 1장 12절
빌립보서 3장 7~9절

## 나는 이제, 다르다 - 10

국가가 국민을 보호하고 책임져야
나라다운 나라이듯이

나는
천국 시민권을 가진
하나님의 자녀이기에,
하나님이 전적으로 나를 보호하시고 책임지신다.

사탄이 심어놓은 메모리칩을 제거하라.
내 속에서 참소하는 자, 사탄의 소리를 차단하라.

하나님은 나의 허다한 죄를 덮으시고
기억하지도 않으신다.

무슨 일이 있어도
창세기 3장 15절, 원시복음, 그리스도 이름으로
사탄의 머리를 밟는 영적 싸움이 있어야
노예살이에서 해방되는 출애굽의 역사가 일어난다.

출애굽의 역사 속에 있는 나는
광야에서도
무엇을 먹을까, 무엇을 마실까 걱정하지 않는다.
만나와 메추라기를 먹이시고
반석에서 물을 내신 하나님은
예수 그리스도와 하나이시다.

빌립보서 3장 20절
이사야 43장 25절
요한복음 10장 30절

그리스도의 영, 부활의 새 영을
처처에 불어넣어서
죽은 곳을 살려내라.
죽었던 세포도 살아난다.

나는 이제, **다르다** 3
나는 이제, 다르다

## 나는 이제, 다르다 - 11

오직 예수님이 창세기 3장 15절의 주인공, 메시아
그리스도이심을 고백하라.

그리스도의 영, 부활의 새 영을
처처에 불어넣어서
죽은 곳을 살려내라.
죽었던 세포도 살아난다.

찬송하리로다.
하나님 곧, 나의 주 예수 그리스도께서 나를 택하시고
나를 사랑하사
그리스도 앞에서 거룩하고 흠이 없게 하시어
하나님의 자녀가 되게 하셨으니
나는 근원적 축복을 받은
하나님의 축복덩어리다.

마태복음 16장 16절
에베소서 1장 2~3절

## 나는 이제, 다르다 - 12

내 자아로부터 벗어나는 자유
내 욕망에 굴복하지 않는 자유
내 욕심대로 살지 않는 자유
나누어 줄 수 있는 자유
내 생각에 휘둘리지 않는 자유

예수 그리스도 안에서 자유를 누려라.

내 생각에 따라 휘둘리면
불면증에 시달리다가 인생에 소망도 없이
슬픈 인생으로 전락한다.

이 땅의 것에 가치를 두면
정신 문제가 밀려와서
어느 날 육신이 무너지고 영원한 멸망이 찾아온다.

위로부터 오는 상급을 바라보라.
만물을 복종시키는 그 이름, 예수 그리스도를 소유하면
모든 문제 끝이다.

빌립보서 3장 21절

하나님의 방법으로만
눌림이 누림으로 작동한다.

나는 이제, **다르다** 3
나는 이제, 다르다

## 나는 이제, 다르다 - 13

지금, 나 자신을 점검해보라.

땅의 것에 집착하는 나의 지체를 날마다 죽이고 있는가?
탐심, 우상숭배를 복종시키는 영적 싸움 속에 있는가?
마귀의 영향권에서 벗어나지 못하고
욕심쟁이로 살고 있지는 않은가?

나는 예수 그리스도 안에 있는
구원의 축복에 감사하고 있는가?
나는 하나님의 말씀, 예수 그리스도 안에서
자유를 누리고 있는가?

말씀이 육신이 되어 나에게 오신 예수 그리스도 안에 있으면
진리 안에서 참 자유가 온다.

나의 모든 죄를 담당하신 대제사장, 예수 그리스도를
깊이 생각하라.

요한복음 8장 31~32절
히브리서 3장 1절

진리 안에 거하지 않는 자유는
방종이다.
진리이신 그리스도, 그 은혜 안에 있어야
진정한 자유가 온다.

**나는 이제, 다르다** 3
나는 이제, 다르다

## 나는 이제, 다르다 - 14

진리 안에 거하지 않는 자유는
방종이다.

진리이신 그리스도, 그 은혜 안에 있어야
진정한 자유가 온다.

비뚤어진 생각부터 개혁하라.
비뚤어진 생각은 피해의식, 비교의식에서 시작된다.
비뚤어진 생각의 본질은
예수님이 지적하신 대로 욕심쟁이, 거짓말쟁이, 의의 원수인
요한복음 8장 44절이다.

가룟 유다의 생각 속에 사탄이 충만하니
예수님을 팔려는 비뚤어진 생각이 들어갔다.

사탄이 충만하면
배은망덕하여 예수님도 팔아버리고
그 몸과 생각 속에
살인의 영이 작동하여 스스로 자살해버린다.

이 문제를 해결하지 않으면
'나 중심'의 육체우상 속에서
고독에 몸부림치다가
한계가 찾아오고
집안 식구가 원수 되는 비극이 일어난다.

운명과 원죄와 사탄에 묶인 나에게 자유를 주시려고
하나님이 나에게 주신 진리, 예수 그리스도를 영접하라.
원시복음 창세기 3장 15절로 사탄의 머리를 밟아버려라.

마귀의 종으로 살지 말고
하나님의 자녀로 살아라.

하나님의 방법으로만
눌림이 누림으로 작동한다.

요한복음 13장 2절
요한복음 8장 31~41절
마태복음 10장 36절

진리가 주는 자유와
죄 아래 있는 자유는 다르다.

**나는 이제, 다르다** 3
나는 이제, 다르다

## 나는 이제, 다르다 - 15

진리가 주는 자유와 죄 아래 있는 자유는 다르다.

운명에 묶인 채, 자기 개혁이 없는 자유는
질 떨어지는 제 멋대로 방종이다.

진리가 주는 자유는
이기적인 나, 자아로부터의 자유다.
내 삶을 재앙으로 끌고 가는 사탄으로부터의 자유다.
하나님을 떠난 순간부터 찾아오는
두려움으로부터의 자유다.

진리이신 예수 그리스도, 말씀 안에 거하는 참 자유를 누리면
세상에서 환난을 당해도 담대하다.
내 마음과 생각을 지키시는
평강의 하나님이 나에게 평안을 주신다.

요한복음 16장 33절
빌립보서 4장 6~9절

나는
진리의 왕, 예수 그리스도의 포로다.

나는 이제, **다르다** 3
나는 이제, 다르다

## 나는 이제, 다르다 - 16

지난 날의 약점 때문에 괴로워하지 말라.
내가 당해야 할 수치와 멸시를
예수님이 십자가 죽음으로 다 끝내주셨다.

원시 복음 창세기 3장 15절, 말씀의 성취자 그리스도를
고백하고 소유하면 참 자유가 오고
예수 그리스도의 매력적인 제자가 된다.

나는
진리의 왕, 예수 그리스도의 포로다.
그 무엇으로도 그리스도 예수 안에 있는 나를
하나님의 사랑에서 끊을 수 없다.

요한복음 8장 31~32절
로마서 8장 38절

## 나는 이제, 다르다 - 17

예수 그리스도께서
성령으로 역사하신다는 사실을 알면
내 몸에서 재창조의 역사가 일어난다.

부활하시고 승천하신 예수 그리스도께서
재림의 주로 오실 때까지
창세기 3장 15절, 메시아, 그리스도의 생명선과 하나 되면
새로운 피조물이 되어
내 자신의 불신앙을 이기는 존재가 된다.

요한복음 8장 44절, 분노와 욕심과 시기로 똬리 틀고 있는
내 자신의 옛 틀과 육신적 생각을 이기지 못하면
마태복음 12장 43~45절, 악한 귀신 일곱이 들어와
에베소서 2장 1절, 세상풍습만 좇으며 세속적으로 살다가
요한복음 16장 11절, 세상 임금, 광명의 천사로 위장한
사탄에게 길들여져서
의식주 문제에 사로잡혀 운명의 종노릇하다가
창세기 1장 2절, 흑암 공허 혼돈에 사로잡혀버린다.

빛으로 오신 예수 그리스도 안에서
진리 가운데, 은혜 속에 거하라.
참된 자유가 온다.

요한복음 8장 31절

모든 상처와 분노를
그리스도 이름으로 사로잡아 내어버리고
하나님의 말씀으로 채워 넣어라.
예수 그리스도의 영, 성령으로 충만케하라.

나는 이제, **다르다** 3
나는 이제, 다르다

## 나는 이제, 다르다 - 18

내 내면에 똬리를 틀고 있는 분노의 불을 끄지 못하면
내 후대에게까지 영향을 준다.

기득권을 놓지 않으려는 유대종교지도자들의 분노는
예수님을 십자가에 못박아버렸고
그 피의 저주를 후대에게 유산으로 남겼다.

'백성이 다 대답하여 가로되
그 피를 우리와 우리 자손에게 돌릴찌어다 하거늘'

분노로 인한 저주의 말은 그대로 실현되어
이스라엘 민족은, 1948년 동안
유리방황, 전쟁, 노예, 속국의 슬픈 역사를 면치 못하였다.

육신의 생각은 사망이요, 하나님과 원수가 된다.

육신의 생각을 끊어버리지 않으면
재앙과 저주가 가문 대대로 영적 유산으로 남는다.

모든 상처와 분노를
그리스도 이름으로 사로잡아 내어버리고
하나님의 말씀으로 채워 넣어라.
예수 그리스도의 영, 성령으로 충만케하라.

마태복음 27장 25절
로마서 8장 6~7절

'사래가 아브람에게 이르되
나의 받는 욕은 당신이 받아야 옳도다.
내가 나의 여종을 당신의 품에 두었거늘
그가 자기의 잉태함을 깨닫고 나를 멸시하니
당신과 나 사이에
여호와께서 판단하시기를 원하노라'

'네 씨로 민족을 창대케 하리라'는
하나님의 말씀을 믿지 못하고
이기적 욕망으로 여종 하갈을 취한 아브라함과
조급한 인본주의로 남편을 부추겼던 사라의 가정은
냉랭함으로 소통이 끊어지고 하나님까지 끌어다가
서로를 원망하며 분노 속에 살게 되었다.
심지어 100세에 얻은 아들 이삭을
모리아 산에 바치는 중대한 일도
아브라함은 사라와 상의도 없이 새벽길을 떠난다.

먹는 문제, 입는 문제, 사는 문제로 아등바등
아무리 열심히 인생을 살았다 할지라도
창세기 3장 15절, 여인의 후손, 메시아,
예수 그리스도 이름으로
내 내면에서 불타고 있는 원망과 핑계, 분노를
해결하지 못하면
가정과 직장에서 인간관계가 피곤하고 냉정하고
쓸쓸할 뿐이다.

매력적인 그리스도인으로서
아름다운 인생을 살고 싶다면
예수 그리스도 이름으로 내면에서 불타는
분노의 불을 제거하라.

창세기 16장 5절

세상은 매력적인 대상이 아니라
정복하고 다스리고
충만해야 할 대상이다.

나는 이제, **다르다** 3

## 나는 이제, 다르다 - 20

그리스도 예수 안에서 내가 자랑하는 것은
내가 날마다 죽는 것이다.

내 자신을 쳐서 날마다 복종하게 함은
남에게 복음을 전파한 후
버림을 당할까 두려워서이다.

사망이 쏘는 것은 죄다.
죄의 권능은 율법에 있다.
율법은 하나님이 주신 복음을 무시한다.

나에게는 더 이상 사망이 없다.
오직 은혜만이 있을 뿐이다.
사망의 그늘에 앉아있지 말라.

범사에 기한이 있고 천하만사가 다 때가 있다.
날 때가 있고 죽을 때가 있으며
심을 때가 있고 심은 것을 뽑을 때가 있으며
죽일 때가 있고 치료할 때가 있으며
헐 때가 있고 세울 때가 있으며
울 때가 있고 웃을 때가 있으며
슬퍼할 때가 있고 춤출 때가 있으나
하나님이 모든 것을 지으시되 때를 따라 아름답게 하셨고
영원을 사모하는 마음을 주셨다.

고린도전서 15장 31절
고린도전서 9장 27절
고린도전서 15장 56절
전도서 3장 1~4, 11절

## 나는 이제, 다르다 - 21

세상은 매력적인 대상이 아니라
정복하고 다스리고 충만해야 할 대상이다.

그리스도를 만난 사도 바울은
어둠이 이 세상을 덮고 있음을 보았고
사탄의 권세와 죄의 권세가
모든 사람을 짓누르고 있음을 알았다.

이 사실을 알았다면
이제, 일어나 그리스도의 빛을 발하라.

일초 전도 과거다.
과거에 얽매이지 말라.
복음을 선포하고 노래하라.

예수는 그리스도.
나는 하나님의 자녀.
모든 문제 끝.
그리스도 이름으로 마귀야 가라.
성령 충만.

창세기 1장 26~28절
사도행전 26장 18절

일초 전도 과거다.
과거에 얽매이지 말라.

**나는 이제, 다르다** 3
나는 이제, 다르다

## 나는 이제, 다르다 - 22

예수 그리스도는 십자가 피로써
나를 거룩하게 하시려고
성문 밖에서 고난을 받으시고
치욕을 당하셨으니
영문 밖 그리스도께 나아가자.

영문 밖, 세상에는 영원한 도성, 안식처가 없다.
폭풍우를 막아 주시는 예수 그리스도 안에 거하라.
예수 그리스도만이 영원한 안식처다.

예수 그리스도로 말미암아
항상 찬송의 제사를 하나님께 드리자.
이는 그리스도 이름을 증언하는 입술의 열매다.
그리스도, 그 이름을 부르고 찬송하라.

하나님은 지금 살아계시고
나에게 상 주시기를 원하셔서
나를 찾고 계신다.

히브리서 13장 12~13절
히브리서 13장 14절
히브리서 13장 15절
히브리서 11장 6절

## 나는 이제, 다르다 - 23

나의 질병이
하나님의 영광, 그리스도를 체험하는 기회가 되고
나의 상처가 기쁨으로 바뀌며
내 지난날의 고난이 축복의 발판이 되는 길은
내 것 버리고 그리스도 안으로 들어가는 것이다.

배설물을 가득 짊어지고는 그리스도께 들어갈 수 없다.
세상 풍습에 따라 형성된 이론, 사상, 신앙 없는 신학
하나님을 대적하여 높아진 견고한 진을
강력한 병기인 성령의 능력으로 파괴시켜라.

내 몸에서 잔꾀를 부리고
내 영혼을 혼미케 하여 욕심대로 행하게 하는
거짓의 영, 쓰레기를 예수 그리스도 이름으로 치워버려야
세상 끝날까지, 땅끝까지 나와 함께 하시는
진리의 영, 성령의 역사가 실감된다.

고린도후서 10장 4~5절
요한복음 8장 44절

영문 밖, 세상에는
영원한 도성, 안식처가 없다.
폭풍우를 막아 주시는
예수 그리스도 안에 거하라.
예수 그리스도만이 영원한 안식처다.

나는 이제, **다르다** 3
나는 이제, 다르다

## 나는 이제, 다르다 - 24

그리스도 안에는 약한 것과 병든 것을 고치는 능력이 있다.
예수 그리스도를 믿고 고백하면 표적이 온다.
병든 자에게 그리스도 이름으로 손을 얹은즉 나음이 있다.

불치병이나, 암, 정신병은
가문에 흐르는 영적 유산인 경우가 많다.
이방인이 제사하는 것은 귀신과 교제하는 것이므로
제사 많이 지내는 가정과 가문, 미신, 무속을 섬기는 가문은
사탄의 장난으로 인하여
더러운 귀신들이 붙어서 활동한다.

가문의 영적 대물림이 나에게 내려오면
귀신 문화에 잡혀서
질병에 대한 공포와 두려움이 온다.
예수 그리스도 이름으로 도전하여 반드시 해결하라.

사도 바울이 보았던 사탄의 가시가 보이는가.
이 세상 신이 묶고 있는
흑암과 공허와 혼돈의 현장이 보인다면, 응답의 시작이다.

마가복음 16장 15~20절
고린도전서 10장 20절
사도행전 8장 4~8절
고린도후서 4장 4절

사도 바울이 보았던
사탄의 가시가 보이는가.
이 세상 신이 묶고 있는
흑암과 공허와 혼돈의 현장이 보인다면,
응답의 시작이다.

**나는 이제, 다르다** 3
나는 이제, 다르다

## 나는 이제, 다르다 - 25

예수가 그리스도이심을 밝히 증거한 바울의 선포가
나의 선포메시지가 되게 하라.

예수가 그리스도이심을 밝히 증거 한
바울에게는 3가지 개혁이 있었다.
자신의 의와 자아를 쳐서 복종시키는 인생개혁
율법적 종교 사상을 원시 복음, 그리스도로 바꾸는 종교개혁
로마의 우상 문화를 그리스도의 문화로 바꾸는 문화개혁

인생개혁부터 시작하라.
내 몸에 체질화된 창세기 3장의 원죄로 인한
죄의 권세, 사망권세, 지옥권세, 3가지 저주를
예수 그리스도 이름의 권세로 깨뜨리는 영적 싸움이 있어야
인생개혁이 시작된다.

사도행전 18장 5절

## 나는 이제, 다르다 - 26

성경은 명확하다.
죄의 삯은 사망이다.
죄를 짓는 자마다 마귀에게 속해있다.
마귀에게 속한 자들은 죽기를 무서워하므로
일평생 마귀의 종노릇하며 따라다닌다.
마귀와 그 졸개들을 따라다닌 자들은
결국, 영원한 지옥불로 떨어지는 것이다.

내가 지금, 예수 그리스도 이름으로 명한다!
나를 죄의식으로 밀까부르듯 흔들어서
내 영혼을 사망 상태로 만들어
운명적 저주에 따라 무기력 속에 살게 하다가
지옥까지 질질 끌고 가는 사탄의 머리는
창세기 3장 15절, 여인의 후손, 메시아, 예수 그리스도 이름으로
산산이 깨어질지어다!

내 자아와 의를 쳐서 그리스도 앞에 복종시켜라.
잠시 있다가 사라지는 안개 같은 인생길에서
육신적 안목과 이생의 자랑으로 교만하지 말라.
교만은 패망의 선봉이요 거만한 마음은 넘어짐의 앞잡이다.
인생개혁이 안되면 종교개혁, 문화개혁은 불가능하다.

로마서 6장 23절
요한일서 3장 8절
히브리서 2장 14~15절
마태복음 25장 41절
에베소서 2장 1절
잠언 16장 18절

## 나는 이제, 다르다 - 27

위기를 기회로 바꾸는
하나님의 절대 주권과 절대 계획을 믿으라.

말씀의 흐름을 타라.
그리스도 안에 있는 자유와 해방이 선포되었다면
그리스도에 집중하라.

사도 바울은 자신의 규례대로, 습관대로,
'예수는 그리스도'라고 끊임없이 선포했다.

'너희에게 전하는 이 예수가 곧 그리스도,
나의 모든 문제를 십자가 죽음으로 완벽하게 해결하시고
부활의 영으로 나와 함께 하시는 성령,
살아계신 하나님이시다.'

성령의 권능을 힘입어 내 몸에 와있는
거짓말쟁이, 욕심쟁이, 열등의식에서 오는
살인적 미움을 사로잡아 박살낼 때
나는 마침내, 신사적이고 매력적인 그리스도인이 된다.

사도행전 17장 1~3절
사도행전 17장 1~3절
마태복음 12장 28~29절

## 나는 이제, 다르다 - 28

바울이 선포하는 그리스도를
간절한 마음으로 들었던 헬라 귀부인들처럼
나는 과연
신사적이고 고귀한 믿음을 소유하고 있는가?

아니면, 바리새인, 서기관, 유대인들처럼,
그리스도를 선포하는 바울을 죽이려고
시기, 질투, 열등의식, 살인의 광기를 가지고
데살로니가에서 베뢰아까지 쫓아오는
찌질한 인생을 살고 있는가?

거울 보고 점검해보라.

## 나는 이제, 다르다 - 29

예수님의 최후통첩은
요한복음 8장 44절, 마귀에게 소속된
운명적 체질에서 빠져나와
요한복음 1장 12절, 하나님의 자녀로 살라는 것이다.

다메섹에서 예수 그리스도를 만난
사도 바울은 영적인 눈을 뜨게 되자,
진리를 흉내만 내던 종교 사상에서 벗어난 증거를
아그립바 왕 앞에서 간증하였다.

어둠에서 빛으로,
사탄의 권세에서 하나님께로
죄 사함을 받고 거룩하게 구별되어
하나님의 기업을 얻게 되었으니
예수는 그리스도라 밝히 증거한다는 것이다.

자신의 의와 자아를 그리스도 앞에 굴복시킨
영적싸움을 통해서 종교인의 가면을 벗어버린
사도 바울은 그리스도와 십자가 외에는
말하지 않기로 결단하고
겐그레아에서 머리를 깎았다.

사도행전 26장 18절
고린도전서 2장 2절
사도행전 18장 18절

예수가 그리스도이심을 밝히 증거한
바울의 선포가
나의 선포메시지가 되게 하라.

**나는 이제, 다르다** 3
나는 이제, 다르다

## 나는 이제, 다르다 - 30

그리스도로 인생과 종교를 개혁한
바울의 선교 여정에는
아굴라와 브리스가 부부와 같은
생명 건 전도제자가 동행하였다.

전도의 문을 여는 전도자와 마음이 통하고
기도제목이 통하고 가슴이 통하는 생명 건 전도제자
아굴라와 브리스가 부부의 기업은
성경에 기록될 만큼 부요케 되었다.

안된다고 하지 말고, 이생의 자랑, 안목의 정욕으로 가득한
육신적인 산업을 영적인 산업으로 바꿔라.

하나님의 소원, 전도와 선교에 방향 맞추면
내 몸의 조직 세포가 살아나고 내 기업이 축복을 받는다.

로마서 16장 3~4절

하나님의 말씀 속에서
내 자신의 정체성이 확인되어야
사탄의 공격인지,
하나님의 시험인지 구별된다.

**나는 이제, 다르다** 3
나는 이제, 다르다

## 나는 이제, 다르다 - 31

사도 바울이 성경의 뜻을 풀어
'예수가 곧 그리스도'라 선포하니
경건한 헬라인의 큰 무리와 적지 않은 귀부인들이
바울의 말을 듣고, 믿고, 따랐다.

그러자 자칭 하나님을 잘 믿는다고 하는 유대인들은
시기와 질투가 등등하여 성에 소동을 일으키고
오히려 유대민족을 속국 삼은 로마 가이사의 편을 들어
바울과 실라를 그들 앞에 끌고 갔다.

 왜 나는 때로 시기하고 분노하고 발작 증세를 일으키는가.

부활하신 그리스도의 영이 나와 함께 하시면
나의 모든 문제 끝났다는데, 이 사실을 믿지 못하고
경건의 모양만 가지고 가면 쓰고 있다가
기득권을 놓치는 순간, 내 몸에 숨어있던
열등의식과 욕심쟁이 거짓말쟁이 마귀의 영이
노출되고 분출되는 것이다.

사도행전 17장 3절
사도행전 17장 7절
요한복음 8장 44절

## 나는 이제, 다르다 - 32

창세기 3장 15절, 메시아, 그리스도의 유일성으로
나 자신과 환경과 사탄의 머리를 밟아버리는
영적싸움을 놓치면
사탄의 올무에 걸려들어
갈등, 열등의식, 소외감, 공포, 분노, 상실감,
허망한 지배욕, 자신 학대,
배은망덕, 쓸데없는 논쟁 속에 빠져서 인생을 쓰레기로 산다.

들에 핀 백합화를 보라.
솔로몬이 입은 비단 옷보다 아름답지 않은가.

두려워하지도 말고 답답해하지도 말고
그리스도 이름으로 빛을 발하라.

예수 그리스도를 영접한 나, 하나님의 자녀는
하나님의 절대 주권 속에서
하나님의 절대 보호 가운데 사는 존재다.
먼저, 하나님의 자녀로서 자긍심을 회복하라.

누가복음 12장 27절

## 나는 이제, 다르다 - 33

하나님의 말씀 속에서
내 자신의 정체성이 확인되어야
사탄의 공격인지, 하나님의 시험인지 구별된다.

사탄의 유혹은 나를
원죄적 욕망과 욕심으로 끌고 가는 것이고
하나님의 테스트는
나를 온전케 하사 믿음의 분량에 이르도록
은혜를 주시는 것이다.

진짜 내가 하나님의 자녀가 맞다면
성경 말씀이 나의 것이 맞다면
창세기 3장 15절, 메시아, 예수 그리스도 이름으로
내 자신의 불신앙과 싸우는 영적 싸움으로 들어가라.

여러 가지 시험 앞에서
'나는 다르다'고 선포하라.
잠잠히 하나님의 역사를 기다려라.

이는 그들로 마음에 위안을 받고
사랑 안에서 연합하여 확실한 이해의 모든 풍성함과
하나님의 비밀인 그리스도를 깨닫게 하려 함이니
그 안에는 지혜와 지식의 모든 보화가 감추어져 있느니라

**골로새서 2장 2~3절**

나는 이제, **다르다** 4
# 하나님의 보석 상자

## 하나님의 보석 상자 - 1

하나님이 주신 보석 상자는
하나님의 비밀이다.
하나님의 비밀인 그리스도 안에는
써도 써도 줄지 않는
지혜와 지식의 보화가 가득하다.

구원의 소망이신 예수 그리스도 이름을 영접하여
하나님의 자녀가 된 나는
하나님의 보석 상자를 열어서 마음껏 사용할 수 있는
자격이 있다.

골로새서 2장 2~3절

## 하나님의 보석 상자 - 2

예수 그리스도, 그 이름을 불러야
보석 상자가 열린다.

예수 그리스도를 믿고 입으로 시인하면
구원에 이르러 부끄러움을 당하지 않는다.

오직 창조주, 창세기 3장 15절의 주인공, 메시아
예수 그리스도의 이름을 부르면

하나님이
나를 부요하게 하신다.

로마서 10장 9~12절

나에게 생명으로 오신
예수 그리스도는
내 안에 간직한 보석 상자다.

**나는 이제, 다르다** 4
하나님의 보석 상자

## 하나님의 보석 상자 - 3

질그릇 같은 나에게 하나님은
심히 큰 능력, 보배이신 예수 그리스도를
담아주셨다.

내 안의 보석 상자를 열어서 사용하라.
하나님이 나의 삶을 부요케 하신다.

우리가 이 보배를 질그릇에 가졌으니
이는 심히 큰 능력은 하나님께 있고
우리에게 있지 아니함을 알게 하려 함이라

고린도후서 4장 7절

## 하나님의 보석 상자 - 4

질그릇처럼
깨어지고 부서지고 연약해도
내 안의 보석 상자
예수는 그리스도.

외롭고 두려운 실패의 자리에서도
나는 하나님의 자녀.

병들어 있어도
모든 문제 끝.

사망의 음침한 골짜기에 갇혀있다면
마귀야 가라.

원수의 목전에서도
다윗처럼
성령 충만이라고 외치고 노래하라.

## 하나님의 보석 상자 - 5

불신앙의 길에서 돌아서라.

십자가 구속의 사랑으로
하나님 만나는 길이 되어주시고

내 힘과 의지와 노력으로 안 되는 운명의 틀에서
나를 자유케 하신 진리이시며

사망 권세, 지옥 권세, 죄의 권세를 이기고 부활하셔서
나에게 생명으로 오신 예수 그리스도는
내 안에 간직한 보석 상자다.

## 하나님의 보석 상자 - 6

하나님이 나에게 주신
약속의 말씀을 믿고 행진하라.

의식주 문제에 매이지 말라.

나는 참새보다 귀한 존재다.
들에 핀 백합화가
솔로몬의 비단 옷보다 아름답다.

참새도 먹이시고
백합화도 입히시는 하나님이
염려하지 말라, 책임지시겠다고
약속하셨다.

의식주 문제에 매이면
하나님의 일이 아닌, 내 일만 하다가
어느 날, 사탄의 불화살을 맞고
하나님이 없다는 불신앙 속에 빠져
멸망의 가증한 것에 제사 지내면서
틀린 스승을 두고
충격적인 것을 찾아 돌아 다니다가
귀신 문화 속에서 분노와 상처와 분열이 일어나
허송세월 보내 버리고 자녀들은 유리방황한다.

의식주 문제의 올무에 걸려
짐승처럼 본능대로 살게 만드는
사탄과 영적 전쟁을 시작하라.

삶의 우선순위를 바꿔야
하나님의 약속이 믿어진다.

그리스도의 영을 내 안에 두고
하나님의 율례를 행하면
내 생각과 욕망은 사라지고
하나님의 언약으로 꿈을 꾼다.

마태복음 6장 26~29절
다니엘 12장 11절
에스겔 36장 27절

내 안의 보석 상자를 열어서 사용하라.
하나님이 나의 삶을 부요케 하신다.

**나는 이제, 다르다** 4
하나님의 보석 상자

## 하나님의 보석 상자 - 7

그리스도가 전파되는 곳에는
치유의 기적이 일어난다.

하나님 나라의 비전을 가지면
내 이미지가
하나님의 이미지로 바뀐다.

하나님이 띠를 동여서
땅끝까지 나를
행진하게 하신다.

내 안의 불신앙을 제거하고
만민을 위하여 기를 들라.

창세기 3장 15절의 증인으로서
사탄의 머리를 밟아버리면
하나님의 완벽한 인도 속에서
나는 이 모든 일에 증인이 된다.

이사야 45장 5절
이사야 62장 6절
누가복음 24장 48절

## 편집장의 글

사울을 휘감았던

다메섹, 그 길 위의
빛처럼

그의 마음을 울렸던
소리처럼

이 책의 활자들이
읽는 이의 마음에
빛나고, 울리기를

간절히
기도하는 마음을 담아
이 세상에
띄워 보냅니다.

2021년 가을, 서초동 작업실에서 初更 김유순

# 부록 - 주요 성경구절

## 1. 사망의 잠에서 깨어나라

**시편 13편 1~5절**
여호와여 어느 때까지니이까 나를 영원히 잊으시나이까 주의 얼굴을 나에게서 어느 때까지 숨기시겠나이까 나의 영혼이 번민하고 종일토록 마음에 근심하기를 어느 때까지 하오며 내 원수가 나를 치며 자랑하기를 어느 때까지 하리이까 여호와 내 하나님이여 나를 생각하사 응답하시고 나의 눈을 밝히소서 두렵건대 내가 사망의 잠을 잘까 하오며 두렵건대 나의 원수가 이르기를 내가 그를 이겼다 할까 하오며 내가 흔들릴 때에 나의 대적들이 기뻐할까 하나이다 나는 오직 주의 사랑을 의지하였사오니 나의 마음은 주의 구원을 기뻐하리이다

**시편 23편 4~5절**
내가 사망의 음침한 골짜기로 다닐지라도 해를 두려워하지 않을 것은 주께서 나와 함께 하심이라 주의 지팡이와 막대기가 나를 안위하시나이다 주께서 내 원수의 목전에서 내게 상을 차려 주시고 기름을 내 머리에 부으셨으니 내 잔이 넘치나이다

**요한복음 3장 9~21절**
니고데모가 대답하여 이르되 어찌 그러한 일이 있을 수 있나이까 예수께서 그에게 대답하여 이르시되 너는 이스라엘의 선생으로서 이러한 것들을 알지 못하느냐 진실로 진실로 네게 이르노니 우리는 아는 것을 말하고 본 것을 증언하노라 그러나 너희가 우리의 증언을 받지 아니하는도다 내가 땅의 일을 말하여도 너희가 믿지 아니하거든 하물며 하늘의 일을 말하면 어떻게 믿겠느냐 하늘에서 내려온 자 곧 인자 외에는 하늘에 올라간 자가 없느니라 모세가 광야에서 뱀을 든 것 같이 인자도 들려야 하리니 이는 그를 믿는 자마다 영생을 얻게 하려 하심이니라 하나님이 세상을 이처럼 사랑하사 독생자를 주셨으니 이는 그를 믿는 자마다 멸망하지 않고 영생을 얻게 하려 하심이라 하나님이 그 아들을 세상에 보내신 것은 세상을 심판하려 하심이 아니요 그로 말미암아 세상이 구원을 받게 하려 하심이라 그를 믿는 자는 심판을 받지 아니하는 것이요 믿지 아니하는 자는 하나님의 독생자의 이름을 믿지 아니하므로 벌써 심판을 받은 것이니라 그 정죄는 이것이니 곧 빛이 세상에 왔으되 사람들이 자기 행위가 악하므로 빛보다 어둠을 더 사랑한 것이니라 악을 행하는 자마다 빛을 미워하여 빛으로 오지 아니하나니 이는 그 행위가 드러날까 함이요 진리를 따르는 자는 빛으로 오나니 이는 그 행위가 하나님 안에서 행한 것임을 나타내려 함이라 하시니라

**갈라디아서 5장 17절**
육체의 소욕은 성령을 거스르고 성령은 육체를 거스르나니 이 둘이 서로 대적함으로 너희가 원하는 것을 하지 못하게 하려 함이니라

**골로새서 2장 8절**
누가 철학과 헛된 속임수로 너희를 사로잡을까 주의하라 이것은 사람의 전통과 세상의 초등학문을 따름이요 그리스도를 따름이 아니니라

**골로새서 3장 5절**
그러므로 땅에 있는 지체를 죽이라 곧 음란과 부정과 사욕과 악한 정욕과 탐심이니 탐심은 우상 숭배니라

**마태복음 5장 13~16절**
너희는 세상의 소금이니 소금이 만일 그 맛을 잃으면 무엇으로 짜게 하리요 후에는 아무 쓸 데 없어 다만 밖에 버려져 사람에게 밟힐 뿐이니라 너희는 세상의 빛이라 산 위에 있는 동네가 숨겨지지 못할 것이요 사람이 등불을 켜서 말 아래에 두지 아니하고 등경 위에 두나니 이러므로 집 안 모든 사람에게 비치느니라 이같이 너희 빛이 사람 앞에 비치게 하여 그들로 너희 착한 행실을 보고 하늘에 계신 너희 아버지께 영광을 돌리게 하라

**이사야 6장 13절**
그 중에 십분의 일이 아직 남아 있을지라도 이것도 황폐하게 될 것이나 밤나무와 상수리나무가 베임을 당하여도 그 그루터기는 남아 있는 것 같이 거룩한 씨가 이 땅의 그루터기니라 하시더라

**마태복음 28장 20절**
내가 너희에게 분부한 모든 것을 가르쳐 지키게 하라 볼지어다 내가 세상 끝날까지 너희와 항상 함께 있으리라 하시니라

**고린도전서 14장 14~15절**
내가 만일 방언으로 기도하면 나의 영이 기도하거니와 나의 마음은 열매를 맺지 못하리라 그러면 어떻게 할까 내가 영으로 기도하고 또 마음으로 기도하며 내가 영으로 찬송하고 또 마음으로 찬송하리라

**고린도전서 1장 24절**
오직 부르심을 받은 자들에게는 유대인이나 헬라인이나 그리스도는 하나님의 능력이요 하나님의 지혜니라

**창세기 3장 1~6절**
그런데 뱀은 여호와 하나님이 지으신 들짐승 중에 가장 간교하니라 뱀이 여자에게 물어 이르되 하나님이 참으로 너희에게 동산 모든 나무의 열매를 먹지 말라 하시더냐 여자가 뱀에게 말하되 동산 나무의 열매를 우리가 먹을 수 있으나 동산 중앙에 있는 나무의 열매는 하나님의 말씀에 너희는 먹지도 말고 만지지도 말라 너희가 죽을까 하노라 하셨느니라 뱀이 여자에게 이르되 너희가 결코 죽지 아니하리라 너희가 그것을 먹는 날에는 너희 눈이 밝아져 하나님과 같이 되어 선악을 알 줄 하나님이 아심이니라 여자가 그 나무를 본즉 먹음직도 하고 보암직도 하고 지혜롭게 할 만큼 탐스럽기도 한 나무인지라 여자가 그 열매를 따먹고 자기와 함께 있는 남편에게도 주매 그도 먹은지라

**히브리서 2장 15절**
또 죽기를 무서워하므로 한평생 매여 종 노릇 하는 모든 자들을 놓아 주려 하심이니

**요한복음 1장 12절**
영접하는 자 곧 그 이름을 믿는 자들에게는 하나님의 자녀가 되는 권세를 주셨으니

**히브리서 11장 6절**
믿음이 없이는 하나님을 기쁘시게 하지 못하나니 하나님께 나아가는 자는 반드시 그가 계신 것과 또한 그가 자기를 찾는 자들에게 상 주시는 이심을 믿어야 할지니라

**마가복음 10장 45절**
인자가 온 것은 섬김을 받으려 함이 아니라 도리어 섬기려 하고 자기 목숨을 많은 사람의 대속물로 주려 함이니라

**누가복음 17장 21절**
또 여기 있다 저기 있다고도 못하리니 하나님의 나라는 너희 안에 있느니라

**로마서 10장 9~13절**
네가 만일 네 입으로 예수를 주로 시인하며 또 하나님께서 그를 죽은 자 가운데서 살리신 것을 네 마음에 믿으면 구원을 받으리라 사람이 마음으로 믿어 의에 이르고 입으로 시인하여 구원에 이르느니라 성경에 이르되 누구든지 그를 믿는 자는 부끄러움을 당하지 아니하리라 하니 유대인이나 헬라인이나 차별이 없음이라 한 분이신 주께서 모든 사람의 주가 되사 그를 부르는 모든 사람에게 부요하시도다 누구든지 주의 이름을 부르는 자는 구원을 받으리라

**요한복음 16장 33절**
이것을 너희에게 이르는 것은 너희로 내 안에서 평안을 누리게 하려 함이라 세상에서는 너희가 환난을 당하나 담대하라 내가 세상을 이기었노라

**창세기 6장 3절**
여호와께서 이르시되 나의 영이 영원히 사람과 함께 하지 아니하리니 이는 그들이 육신이 됨이라 그러나 그들의 날은 백이십 년이 되리라 하시니라

**창세기 22장 17~18절**
내가 네게 큰 복을 주고 네 씨가 크게 번성하여 하늘의 별과 같고 바닷가의 모래와 같게 하리니 네 씨가 그 대적의 성문을 차지하리라 또 네 씨로 말미암아 천하 만민이 복을 받으리니 이는 네가 나의 말을 준행하였음이니라 하셨다 하니라

**요한복음 11장 26절**
무릇 살아서 나를 믿는 자는 영원히 죽지 아니하리니 이것을 네가 믿느냐

**마태복음 17장 15~18절**
주여 내 아들을 불쌍히 여기소서 그가 간질로 심히 고생하여 자주 불에도 넘어지며 물에도 넘어지는지라 내가 주의 제자들에게 데리고 왔으나 능히 고치지 못하더이다 예수께서 대답하여 이르시되 믿음이 없고 패역한 세대여 내가 얼마나 너희와 함께 있으며 얼마나 너희에게 참으리요 그를 이리로 데려오라 하시니라 이에 예수께서 꾸짖으시니 귀신이 나가고 아이가 그 때부터 나으니라

**베드로전서 1장 16절**
기록되었으되 내가 거룩하니 너희도 거룩할지어다 하셨느니라

**히브리서 2장 14~15절**
자녀들은 혈과 육에 속하였으매 그도 또한 같은 모양으로 혈과 육을 함께 지니심은 죽음을 통하여 죽음의 세력을 잡은 자 곧 마귀를 멸하시며 또 죽기를 무서워하므로 한평생 매여 종 노릇 하는 모든 자들을 놓아 주려 하심이니

**로마서 8장 6절**
육신의 생각은 사망이요 영의 생각은 생명과 평안이니라

**누가복음 22장 31절**
시몬아, 시몬아, 보라 사탄이 너희를 밀 까부르듯 하려고 요구하였으나

**히브리서 2장 14절**
자녀들은 혈과 육에 속하였으매 그도 또한 같은 모양으로 혈과 육을 함께 지니심은 죽음을 통하여 죽음의 세력을 잡은 자 곧 마귀를 멸하시며

**마태복음 16장 16장**
시몬 베드로가 대답하여 이르되 주는 그리스도시요 살아 계신 하나님의 아들이시니이다

**마태복음 24장 14절**
이 천국 복음이 모든 민족에게 증언되기 위하여 온 세상에 전파되리니 그제야 끝이 오리라

**데살로니가전서 5장 16~18절**
항상 기뻐하라 쉬지 말고 기도하라 범사에 감사하라 이것이 그리스도 예수 안에서 너희를 향하신 하나님의 뜻이니라

**출애굽기 3장 18절**
그들이 네 말을 들으리니 너는 그들의 장로들과 함께 애굽 왕에게 이르기를 히브리 사람의 하나님 여호와께서 우리에게 임하셨은즉 우리가 우리 하나님 여호와께 제사를 드리려 하오니 사흘길쯤 광야로 가도록 허락하소서 하라

**요한복음 9장 1~2절**
예수께서 길을 가실 때에 날 때부터 맹인 된 사람을 보신지라 제자들이 물어 이르되 랍비여 이 사람이 맹인으로 난 것이 누구의 죄로 인함이니이까 자기니이까 그의 부모니이까

**요한복음 1장 4절**
그 안에 생명이 있었으니 이 생명은 사람들의 빛이라

**요한복음 14장 6절**
예수께서 이르시되 내가 곧 길이요 진리요 생명이니 나로 말미암지 않고는 아버지께로 올 자가 없느니라

**요한복음 1장 1절**
태초에 말씀이 계시니라 이 말씀이 하나님과 함께 계셨으니 이 말씀은 곧 하나님이시니라

**에베소서 1장 5절**
그 기쁘신 뜻대로 우리를 예정하사 예수 그리스도로 말미암아 자기의 아들들이 되게 하셨으니

**시편 91편 13절**
네가 사자와 독사를 밟으며 젊은 사자와 뱀을 발로 누르리로다

**이사야 43장 4절**
네가 내 눈에 보배롭고 존귀하며 내가 너를 사랑하였은즉 내가 네 대신 사람들을 내어 주며 백성들이 네 생명을 대신하리니

**창세기 1장 1~6절**
태초에 하나님이 천지를 창조하시니라 땅이 혼돈하고 공허하며 흑암이 깊음 위에 있고 하나님의 영은 수면 위에 운행하시니라 하나님이 이르시되 빛이 있으라 하시니 빛이 있었고 빛이 하나님이 보시기에 좋았더라 하나님이 빛과 어둠을 나누사 하나님이 빛을 낮이라 부르시고 어둠을 밤이라 부르시니라 저녁이 되고 아침이 되니 이는 첫째 날이니라 하나님이 이르시되 물 가운데에 궁창이 있어 물과 물로 나뉘라 하시고

**로마서 8장 12절**
그러므로 형제들아 우리가 빚진 자로되 육신에게 져서 육신대로 살 것이 아니니라

**고린도후서 4장 4절**
그 중에 이 세상의 신이 믿지 아니하는 자들의 마음을 혼미하게 하여 그리스도의 영광의 복음의 광채가 비치지 못하게 함이니 그리스도는 하나님의 형상이니라

**고린도후서 11장 14절**
이것은 이상한 일이 아니니라 사탄도 자기를 광명의 천사로 가장하나니

**베드로전서 5장 7~8절**
너희 염려를 다 주께 맡기라 이는 그가 너희를 돌보심이라 근신하라 깨어라 너희 대적 마귀가 우는 사자 같이 두루 다니며 삼킬 자를 찾나니

**빌립보서 4장 6~7절**
아무 것도 염려하지 말고 다만 모든 일에 기도와 간구로, 너희 구할 것을 감사함으로 하나님께 아뢰라 그리하면 모든 지각에 뛰어난 하나님의 평강이 그리스도 예수 안에서 너희 마음과 생각을 지키시리라

**요한복음 13장 2절**
마귀가 벌써 시몬의 아들 가룟 유다의 마음에 예수를 팔려는 생각을 넣었더라

**요한복음 10장 10절**
도둑이 오는 것은 도둑질하고 죽이고 멸망시키려는 것뿐이요 내가 온 것은 양으로 생명을 얻게 하고 더 풍성히 얻게 하려는 것이라

**히브리서 11장 6절**
믿음이 없이는 하나님을 기쁘시게 하지 못하나니 하나님께 나아가는 자는 반드시 그가 계신 것과 또한 그가 자기를 찾는 자들에게 상 주시는 이심을 믿어야 할지니라

**고린도후서 4장 4절**
그 중에 이 세상의 신이 믿지 아니하는 자들의 마음을 혼미하게 하여 그리스도의 영광의 복음의 광채가 비치지 못하게 함이니 그리스도는 하나님의 형상이니라

## 사도행전 16장 26~40절
이에 갑자기 큰 지진이 나서 옥터가 움직이고 문이 곧 다 열리며 모든 사람의 매인 것이 다 벗어진지라 간수가 자다가 깨어 옥문들이 열린 것을 보고 죄수들이 도망한 줄 생각하고 칼을 빼어 자결하려 하거늘 바울이 크게 소리 질러 이르되 네 몸을 상하지 말라 우리가 다 여기 있노라 하니 간수가 등불을 달라고 하며 뛰어 들어가 무서워 떨며 바울과 실라 앞에 엎드리고 그들을 데리고 나가 이르되 선생들이여 내가 어떻게 하여야 구원을 받으리이까 하거늘 이르되 주 예수를 믿으라 그리하면 너와 네 집이 구원을 받으리라 하고 주의 말씀을 그 사람과 그 집에 있는 모든 사람에게 전하더라 그 밤 그 시각에 간수가 그들을 데려다가 그 맞은 자리를 씻어 주고 자기와 그 온 가족이 다 세례를 받은 후 그들을 데리고 자기 집에 올라가서 음식을 차려 주고 그와 온 집안이 하나님을 믿으므로 크게 기뻐하니라 날이 새매 상관들이 부하를 보내어 이 사람들을 놓으라 하니 간수가 그 말대로 바울에게 말하되 상관들이 사람을 보내어 너희를 놓으라 하였으니 이제는 나가서 평안히 가라 하거늘 바울이 이르되 로마 사람인 우리를 죄도 정하지 아니하고 공중 앞에서 때리고 옥에 가두었다가 이제는 가만히 내보내고자 하느냐 아니라 그들이 친히 와서 우리를 데리고 나가야 하리라 한 대 부하들이 이 말을 상관들에게 보고하니 그들이 로마 사람이라 하는 말을 듣고 두려워하여 와서 권하여 데리고 나가 그 성에서 떠나기를 청하니 두 사람이 옥에서 나와 루디아의 집에 들어가서 형제들을 만나 보고 위로하고 가니라

## 출애굽기 15장 1~19절
이 때에 모세와 이스라엘 자손이 이 노래로 여호와께 노래하니 일렀으되 내가 여호와를 찬송하리니 그는 높고 영화로우심이요 말과 그 탄 자를 바다에 던지셨음이로다 여호와는 나의 힘이요 노래시며 나의 구원이시로다 그는 나의 하나님이시니 내가 그를 찬송할 것이요 내 아버지의 하나님이시니 내가 그를 높이리로다 여호와는 용사시니 여호와는 그의 이름이시로다 그가 바로의 병거와 그의 군대를 바다에 던지시니 최고의 지휘관들이 홍해에 잠겼고 깊은 물이 그들을 덮으니 그들이 돌처럼 깊음 속에 가라앉았도다 여호와여 주의 오른손이 권능으로 영광을 나타내시나이다 여호와여 주의 오른손이 원수를 부수시나이다 주께서 주의 큰 위엄으로 주를 거스르는 자를 엎으시나이다 주께서 진노를 발하시니 그 진노가 그들을 지푸라기 같이 사르나이다 주의 콧김에 물이 쌓이되 파도가 언덕 같이 일어서고 큰 물이 바다 가운데 엉기나이다 원수가 말하기를 내가 뒤쫓아 따라잡아 탈취물을 나누리라, 내가 그들로 말미암아 내 욕망을 채우리라, 내가 내 칼을 빼리니 내 손이 그들을 멸하리라 하였으나 주께서 바람을 일으키시매 바다가 그들을 덮으니 그들이 거센 물에 납 같이 잠겼나이다 여호와여 신 중에 주와 같은 자가 누구니이까 주와 같이 거룩함으로 영광스러우며 찬송할 만한 위엄이 있으며 기이한 일을 행하는 자가 누구니이까 주께서 오른손을 드신즉 땅이 그들을 삼켰나이다 주의 인자하심으로 주께서 구속하신 백성을 인도하시되 주의 힘으로 그들을 주의 거룩한 처소에 들어가게 하시나이다 여러 나라가 듣고 떨며 블레셋 주민이 두려움에 잡히며 에돔 두령들이 놀라고 모압 영웅이 떨림에 잡히며 가나안 주민이 다 낙담하나이다 놀람과 두려움이 그들에게 임하매 주의 팔이 크므로 그들이 돌 같이 침묵하였사오니 여호와여 주의 백성이 통과하기까지 곧 주께서 사신 백성이 통과하기까지였나이다 주께서 백성을 인도하사 그들을 주의 기업의 산에 심으시리이다 여호와여 이는 주의 처소를 삼으시려고 예비하신 것이라 주여 이것이 주의 손으로 세우신 성소로소이다 여호와께서 영원무궁 하도록 다스리시도다 하였더라 바로의 말과 병거와 마병이 함께 바다에 들어가매 여호와께서 바닷물을 그들 위에 되돌려 흐르게 하셨으나 이스라엘 자손은 바다 가운데서 마른 땅으로 지나간지라

**고린도전서 1장 24절**
오직 부르심을 받은 자들에게는 유대인이나 헬라인이나 그리스도는 하나님의 능력이요 하나님의 지혜니라

**고린도후서 5장 17절**
그런즉 누구든지 그리스도 안에 있으면 새로운 피조물이라 이전 것은 지나갔으니 보라 새 것이 되었도다

**로마서 5장 8절**
우리가 아직 죄인 되었을 때에 그리스도께서 우리를 위하여 죽으심으로 하나님께서 우리에 대한 자기의 사랑을 확증하셨느니라

**요한복음 19장 30절**
예수께서 신 포도주를 받으신 후에 이르시되 다 이루었다 하시고 머리를 숙이니 영혼이 떠나가시니라

**로마서 10장 17절**
그러므로 믿음은 들음에서 나며 들음은 그리스도의 말씀으로 말미암았느니라

**히브리서 11장 6절**
믿음이 없이는 하나님을 기쁘시게 하지 못하나니 하나님께 나아가는 자는 반드시 그가 계신 것과 또한 그가 자기를 찾는 자들에게 상 주시는 이심을 믿어야 할지니라

**요한복음 4장 24절**
하나님은 영이시니 예배하는 자가 영과 진리로 예배할지니라

**사도행전 18장 5절**
실라와 디모데가 마게도냐로부터 내려오매 바울이 하나님의 말씀에 붙잡혀 유대인들에게 예수는 그리스도라 밝히 증언하니

**사도행전 18장 24~28절**
알렉산드리아에서 난 아볼로라 하는 유대인이 에베소에 이르니 이 사람은 언변이 좋고 성경에 능통한 자라 그가 일찍이 주의 도를 배워 열심으로 예수에 관한 것을 자세히 말하며 가르치나 요한의 세례만 알 따름이라 그가 회당에서 담대히 말하기 시작하거늘 브리스길라와 아굴라가 듣고 데려다가 하나님의 도를 더 정확하게 풀어 이르더라 아볼로가 아가야로 건너가고자 함으로 형제들이 그를 격려하며 제자들에게 편지를 써 영접하라 하였더니 그가 가매 은혜로 말미암아 믿은 자들에게 많은 유익을 주니 이는 성경으로써 예수는 그리스도라고 증언하여 공중 앞에서 힘있게 유대인의 말을 이김이러라

**야고보서 2장 19절**
네가 하나님은 한 분이신 줄을 믿느냐 잘하는도다 귀신들도 믿고 떠느니라

**갈라디아서 6장 7절**
스스로 속이지 말라 하나님은 업신여김을 받지 아니하시나니 사람이 무엇으로 심든지 그대로 거두리라

**사도행전 16장 16~18절**
우리가 기도하는 곳에 가다가 점치는 귀신 들린 여종 하나를 만나니 점으로 그 주인들에게 큰 이익을 주는 자라 그가 바울과 우리를 따라와 소리 질러 이르되 이 사람들은 지극히 높은 하나님의 종으로서 구원의 길을 너희에게 전하는 자라 하며 이같이 여러 날을 하는지라 바울이 심히 괴로워하여 돌이켜 그 귀신에게 이르되 예수 그리스도의 이름으로 내가 네게 명하노니 그에게서 나오라 하니 귀신이 즉시 나오니라

**사도행전 16장 19~25절**
여종의 주인들은 자기 수익의 소망이 끊어진 것을 보고 바울과 실라를 붙잡아 장터로 관리들에게 끌어 갔다가 상관들 앞에 데리고 가서 말하되 이 사람들이 유대인인데 우리 성을 심히 요란하게 하여 로마 사람인 우리가 받지도 못하고 행하지도 못할 풍속을 전한다 하거늘 무리가 일제히 일어나 고발하니 상관들이 옷을 찢어 벗기고 매로 치라 하여 많이 친 후에 옥에 가두고 간수에게 명하여 든든히 지키라 하니 그가 이러한 명령을 받아 그들을 깊은 옥에 가두고 그 발을 차꼬에 든든히 채웠더니 한밤중에 바울과 실라가 기도하고 하나님을 찬송하매 죄수들이 듣더라

**로마서 16장 25절**
나의 복음과 예수 그리스도를 전파함은 영세 전부터 감추어졌다가

**로마서 16장 20절**
평강의 하나님께서 속히 사탄을 너희 발 아래에서 상하게 하시리라 우리 주 예수의 은혜가 너희에게 있을지어다

**사도행전 1장 8절**
오직 성령이 너희에게 임하시면 너희가 권능을 받고 예루살렘과 온 유대와 사마리아와 땅 끝까지 이르러 내 증인이 되리라 하시니라


## 2. 하나님의 말씀으로 내 심장이 뛰게 하라

**요한계시록 1장 17절**
내가 볼 때에 그의 발 앞에 엎드러져 죽은 자 같이 되매 그가 오른손을 내게 얹고 이르시되 두려워하지 말라 나는 처음이요 마지막이니

**로마서 5장 8절**
우리가 아직 죄인 되었을 때에 그리스도께서 우리를 위하여 죽으심으로 하나님께서 우리에 대한 자기의 사랑을 확증하셨느니라

**에베소서 2장 8~9절**
너희는 그 은혜에 의하여 믿음으로 말미암아 구원을 받았으니 이것은 너희에게서 난 것이 아니요 하나님의 선물이라 행위에서 난 것이 아니니 이는 누구든지 자랑하지 못하게 함이라

**요한복음 10장 9절**
내가 문이니 누구든지 나로 말미암아 들어가면 구원을 받고 또는 들어가며 나오며 꼴을 얻으리라

**이사야 60장 1~5절**
일어나라 빛을 발하라 이는 네 빛이 이르렀고 여호와의 영광이 네 위에 임하였음이니라 보라 어둠이 땅을 덮을 것이며 캄캄함이 만민을 가리려니와 오직 여호와께서 네 위에 임하실 것이며 그의 영광이 네 위에 나타나리니 나라들은 네 빛으로, 왕들은 비치는 네 광명으로 나아오리라 네 눈을 들어 사방을 보라 무리가 다 모여 네게로 오느니라 네 아들들은 먼 곳에서 오겠고 네 딸들은 안기어 올 것이라 그 때에 네가 보고 기쁜 빛을 내며 네 마음이 놀라고 또 화창하리니 이는 바다의 부가 네게로 돌아오며 이방 나라들의 재물이 네게로 옴이라

**스가랴 4장 6절**
그가 내게 대답하여 이르되 여호와께서 스룹바벨에게 하신 말씀이 이러하니라 만군의 여호와께서 말씀하시되 이는 힘으로 되지 아니하며 능력으로 되지 아니하고 오직 나의 영으로 되느니라

**스가랴 4장 10절**
작은 일의 날이라고 멸시하는 자가 누구냐 사람들이 스룹바벨의 손에 다림줄이 있음을 보고 기뻐하리라 이 일곱은 온 세상에 두루 다니는 여호와의 눈이라 하니라

**요한복음 10장 29절**
그들을 주신 내 아버지는 만물보다 크시매 아무도 아버지 손에서 빼앗을 수 없느니라

**히브리서 2장 14~15절**
자녀들은 혈과 육에 속하였으매 그도 또한 같은 모양으로 혈과 육을 함께 지니심은 죽음을 통하여 죽음의 세력을 잡은 자 곧 마귀를 멸하시며 또 죽기를 무서워하므로 한평생 매여 종 노릇 하는 모든 자들을 놓아 주려 하심이니

**마태복음 10장 1절**
예수께서 그의 열두 제자를 부르사 더러운 귀신을 쫓아내며 모든 병과 모든 약한 것을 고치는 권능을 주시니라

**요한복음 11장 35절**
예수께서 눈물을 흘리시더라

**잠언 14장 3절**
미련한 자는 교만하여 입으로 매를 자청하고 지혜로운 자의 입술은 자기를 보전하느니라

**창세기 1장 2절**
땅이 혼돈하고 공허하며 흑암이 깊음 위에 있고 하나님의 영은 수면 위에 운행하시니라

**요한계시록 12장 1~9절**
하늘에 큰 이적이 보이니 해를 옷 입은 한 여자가 있는데 그 발 아래에는 달이 있고 그 머리에는 열두 별의 관을 썼더라 이 여자가 아이를 배어 해산하게 되매 아파서 애를 쓰며 부르

짖더라 하늘에 또 다른 이적이 보이니 보라 한 큰 붉은 용이 있어 머리가 일곱이요 뿔이 열이라 그 여러 머리에 일곱 왕관이 있는데 그 꼬리가 하늘의 별 삼분의 일을 끌어다가 땅에 던지더라 용이 해산하려는 여자 앞에서 그가 해산하면 그 아이를 삼키고자 하더니 여자가 아들을 낳으니 이는 장차 철장으로 만국을 다스릴 남자라 그 아이를 하나님 앞과 그 보좌 앞으로 올려가더라 그 여자가 광야로 도망하매 거기서 천이백육십 일 동안 그를 양육하기 위하여 하나님께서 예비하신 곳이 있더라 하늘에 전쟁이 있으니 미가엘과 그의 사자들이 용과 더불어 싸울새 용과 그의 사자들도 싸우나 이기지 못하여 다시 하늘에서 그들이 있을 곳을 얻지 못한지라 큰 용이 내쫓기니 옛 뱀 곧 마귀라고도 하고 사탄이라고도 하며 온 천하를 꾀는 자라 그가 땅으로 내쫓기니 그의 사자들도 그와 함께 내쫓기니라

### 로마서 16장 20절
평강의 하나님께서 속히 사탄을 너희 발 아래에서 상하게 하시리라 우리 주 예수의 은혜가 너희에게 있을지어다

### 야고보서 4장 7절
그런즉 너희는 하나님께 복종할지어다 마귀를 대적하라 그리하면 너희를 피하리라

### 베드로전서 5장 8절
근신하라 깨어라 너희 대적 마귀가 우는 사자 같이 두루 다니며 삼킬 자를 찾나니

### 로마서 1장 17절
복음에는 하나님의 의가 나타나서 믿음으로 믿음에 이르게 하나니 기록된 바 오직 의인은 믿음으로 말미암아 살리라 함과 같으니라

### 로마서 8장 1~2절
그러므로 이제 그리스도 예수 안에 있는 자에게는 결코 정죄함이 없나니 이는 그리스도 예수 안에 있는 생명의 성령의 법이 죄와 사망의 법에서 너를 해방하였음이라

### 마가복음 10장 45절
인자가 온 것은 섬김을 받으려 함이 아니라 도리어 섬기려 하고 자기 목숨을 많은 사람의 대속물로 주려 함이니라

### 고린도후서 10장 4~5절
우리의 싸우는 무기는 육신에 속한 것이 아니요 오직 어떤 견고한 진도 무너뜨리는 하나님의 능력이라 모든 이론을 무너뜨리며 하나님 아는 것을 대적하여 높아진 것을 다 무너뜨리고 모든 생각을 사로잡아 그리스도에게 복종하게 하니

### 골로새서 1장 13~15절
그가 우리를 흑암의 권세에서 건져내사 그의 사랑의 아들의 나라로 옮기셨으니 그 아들 안에서 우리가 속량 곧 죄 사함을 얻었도다 그는 보이지 아니하는 하나님의 형상이시요 모든 피조물보다 먼저 나신 이시니

### 요한1서 4장 18절
사랑 안에 두려움이 없고 온전한 사랑이 두려움을 내쫓나니 두려움에는 형벌이 있음이라 두려워하는 자는 사랑 안에서 온전히 이루지 못하였느니라

**히브리서 2장 14~15절**
자녀들은 혈과 육에 속하였으매 그도 또한 같은 모양으로 혈과 육을 함께 지니심은 죽음을 통하여 죽음의 세력을 잡은 자 곧 마귀를 멸하시며 또 죽기를 무서워하므로 한평생 매여 종 노릇 하는 모든 자들을 놓아 주려 하심이니

**마태복음 6장 33절**
그런즉 너희는 먼저 그의 나라와 그의 의를 구하라 그리하면 이 모든 것을 너희에게 더하시리라

**마태복음 8장 34절**
온 시내가 예수를 만나려고 나가서 보고 그 지방에서 떠나시기를 간구하더라

**고린도전서 15장 56절**
사망이 쏘는 것은 죄요 죄의 권능은 율법이라

**고린도전서 9장 27절**
내가 내 몸을 쳐 복종하게 함은 내가 남에게 전파한 후에 자신이 도리어 버림을 당할까 두려워함이로다

**히브리서 13장 16절**
오직 선을 행함과 서로 나누어 주기를 잊지 말라 하나님은 이같은 제사를 기뻐하시느니라

**요한복음 11장 42절**
항상 내 말을 들으시는 줄 내가 알았나이다 그러나 이 말씀 하옵는 것은 둘러선 무리를 위함이니 곧 아버지께서 나를 보내신 것을 그들로 믿게 하려 함이니이다

**베드로전서 2장 1절**
그러므로 모든 악독과 모든 기만과 외식과 시기와 모든 비방하는 말을 버리고

**로마서 7장 25절**
우리 주 예수 그리스도로 말미암아 하나님께 감사하리로다 그런즉 내 자신이 마음으로는 하나님의 법을 육신으로는 죄의 법을 섬기노라

**골로새서 3장 5절**
그러므로 땅에 있는 지체를 죽이라 곧 음란과 부정과 사욕과 악한 정욕과 탐심이니 탐심은 우상 숭배니라

**사도행전 2장 36절**
그런즉 이스라엘 온 집은 확실히 알지니 너희가 십자가에 못 박은 이 예수를 하나님이 주와 그리스도가 되게 하셨느니라 하니라

**요한복음 16장 33절**
이것을 너희에게 이르는 것은 너희로 내 안에서 평안을 누리게 하려 함이라 세상에서는 너희가 환난을 당하나 담대하라 내가 세상을 이기었노라

**예레미야 17장 9~11절**
만물보다 거짓되고 심히 부패한 것은 마음이라 누가 능히 이를 알리요마는 나 여호와는 심장을 살피며 폐부를 시험하고 각각 그의 행위와 그의 행실대로 보응하나니 불의로 치부하는 자는 자고새가 낳지 아니한 알을 품음 같아서 그의 중년에 그것이 떠나겠고 마침내 어리석은 자가 되리라

**잠언 4장 23절**
모든 지킬 만한 것 중에 더욱 네 마음을 지키라 생명의 근원이 이에서 남이니라

**사도행전 3장 14~15절**
너희가 거룩하고 의로운 이를 거부하고 도리어 살인한 사람을 놓아 주기를 구하여 생명의 주를 죽였도다 그러나 하나님이 죽은 자 가운데서 그를 살리셨으니 우리가 이 일에 증인이라

**사도행전 10장 38절**
하나님이 나사렛 예수에게 성령과 능력을 기름 붓듯 하셨으매 그가 두루 다니시며 선한 일을 행하시고 마귀에게 눌린 모든 사람을 고치셨으니 이는 하나님이 함께 하셨음이라

**마태복음 10장 38절**
또 자기 십자가를 지고 나를 따르지 않는 자도 내게 합당하지 아니하니라

**마가복음 10장 45절**
인자가 온 것은 섬김을 받으려 함이 아니라 도리어 섬기려 하고 자기 목숨을 많은 사람의 대속물로 주려 함이니라

**로마서 5장 6~8절**
우리가 아직 연약할 때에 기약대로 그리스도께서 경건하지 않은 자를 위하여 죽으셨도다 의인을 위하여 죽는 자가 쉽지 않고 선인을 위하여 용감히 죽는 자가 혹 있거니와 우리가 아직 죄인 되었을 때에 그리스도께서 우리를 위하여 죽으심으로 하나님께서 우리에 대한 자기의 사랑을 확증하셨느니라

**로마서 5장 10절**
곧 우리가 원수 되었을 때에 그의 아들의 죽으심으로 말미암아 하나님과 화목하게 되었은즉 화목하게 된 자로서는 더욱 그의 살아나심으로 말미암아 구원을 받을 것이니라

**이사야 53장 12절**
그러므로 내가 그에게 존귀한 자와 함께 몫을 받게 하며 강한 자와 함께 탈취한 것을 나누게 하리니 이는 그가 자기 영혼을 버려 사망에 이르게 하며 범죄자 중 하나로 헤아림을 받았음이니라 그러나 그가 많은 사람의 죄를 담당하며 범죄자를 위하여 기도하였느니라

**갈라디아서 3장 13~15절**
그리스도께서 우리를 위하여 저주를 받은 바 되사 율법의 저주에서 우리를 속량하셨으니 기록된 바 나무에 달린 자마다 저주 아래에 있는 자라 하였음이라 이는 그리스도 예수 안에서 아브라함의 복이 이방인에게 미치게 하고 또 우리로 하여금 믿음으로 말미암아 성령의 약속을 받게 하려 함이라 형제들아 내가 사람의 예대로 말하노니 사람의 언약이라도 정한 후에는 아무도 폐하거나 더하거나 하지 못하느니라

**마태복음 5장 13~14절**
너희는 세상의 소금이니 소금이 만일 그 맛을 잃으면 무엇으로 짜게 하리요 후에는 아무 쓸 데 없어 다만 밖에 버려져 사람에게 밟힐 뿐이니라 너희는 세상의 빛이라 산 위에 있는 동네가 숨겨지지 못할 것이요 사람이 등불을 켜서 말 아래에 두지 아니하고 등경 위에 두나니 이러므로 집 안 모든 사람에게 비치느니라

**갈라디아서 4장 6~7절**
너희가 아들이므로 하나님이 그 아들의 영을 우리 마음 가운데 보내사 아빠 아버지라 부르게 하셨느니라 그러므로 네가 이 후로는 종이 아니요 아들이니 아들이면 하나님으로 말미암아 유업을 받을 자니라

**빌립보서 3장 8절**
또한 모든 것을 해로 여김은 내 주 그리스도 예수를 아는 지식이 가장 고상하기 때문이라 내가 그를 위하여 모든 것을 잃어버리고 배설물로 여김은 그리스도를 얻고

**창세기 4장 6~7절**
여호와께서 가인에게 이르시되 네가 분하여 함은 어찌 됨이며 안색이 변함은 어찌 됨이냐 네가 선을 행하면 어찌 낯을 들지 못하겠느냐 선을 행하지 아니하면 죄가 문에 엎드려 있느니라 죄가 너를 원하나 너는 죄를 다스릴지니라

**히브리서 1장 3절**
이는 하나님의 영광의 광채시요 그 본체의 형상이시라 그의 능력의 말씀으로 만물을 붙드시며 죄를 정결하게 하는 일을 하시고 높은 곳에 계신 지극히 크신 이의 우편에 앉으셨느니라

**고린도전서 1장 24절**
오직 부르심을 받은 자들에게는 유대인이나 헬라인이나 그리스도는 하나님의 능력이요 하나님의 지혜니라

**마태복음 16장 16~20절**
시몬 베드로가 대답하여 이르되 주는 그리스도시요 살아 계신 하나님의 아들이시니이다 예수께서 대답하여 이르시되 바요나 시몬아 네가 복이 있도다 이를 네게 알게 한 이는 혈육이 아니요 하늘에 계신 내 아버지시니라 또 내가 네게 이르노니 너는 베드로라 내가 이 반석 위에 내 교회를 세우리니 음부의 권세가 이기지 못하리라 내가 천국 열쇠를 네게 주리니 네가 땅에서 무엇이든지 매면 하늘에서도 매일 것이요 네가 땅에서 무엇이든지 풀면 하늘에서도 풀리리라 하시고 이에 제자들에게 경고하사 자기가 그리스도인 것을 아무에게도 이르지 말라 하시니라

**로마서 5장 8절**
우리가 아직 죄인 되었을 때에 그리스도께서 우리를 위하여 죽으심으로 하나님께서 우리에 대한 자기의 사랑을 확증하셨느니라

**요한복음 19장 30절**
예수께서 신 포도주를 받으신 후에 이르시되 다 이루었다 하시고 머리를 숙이니 영혼이 떠나가시니라

**출애굽기 13장 21절**
여호와께서 그들 앞에서 가시며 낮에는 구름 기둥으로 그들의 길을 인도하시고 밤에는 불 기둥을 그들에게 비추사 낮이나 밤이나 진행하게 하시니

**마태복음 4장 19절**
말씀하시되 나를 따라오라 내가 너희를 사람을 낚는 어부가 되게 하리라 하시니

**출애굽기 14장 19절**
이스라엘 진 앞에 가던 하나님의 사자가 그들의 뒤로 옮겨 가매 구름 기둥도 앞에서 그 뒤로 옮겨

**고린도전서 3장 16절**
너희는 너희가 하나님의 성전인 것과 하나님의 성령이 너희 안에 계시는 것을 알지 못하느냐

**로마서 8장 9절**
만일 너희 속에 하나님의 영이 거하시면 너희가 육신에 있지 아니하고 영에 있나니 누구든지 그리스도의 영이 없으면 그리스도의 사람이 아니라

**에스더 4장 16절**
당신은 가서 수산에 있는 유다인을 다 모으고 나를 위하여 금식하되 밤낮 삼 일을 먹지도 말고 마시지도 마소서 나도 나의 시녀와 더불어 이렇게 금식한 후에 규례를 어기고 왕에게 나아가리니 죽으면 죽으리이다 하니라

**누가복음 9장 23절**
또 무리에게 이르시되 아무든지 나를 따라오려거든 자기를 부인하고 날마다 제 십자가를 지고 나를 따를 것이니라

**잠언 17장 13절**
누구든지 악으로 선을 갚으면 악이 그 집을 떠나지 아니하리라

**요한복음 3장 6절**
육으로 난 것은 육이요 영으로 난 것은 영이니

**요한복음 8장 12절**
예수께서 또 말씀하여 이르시되 나는 세상의 빛이니 나를 따르는 자는 어둠에 다니지 아니하고 생명의 빛을 얻으리라

**창세기 3장 15절**
내가 너로 여자와 원수가 되게 하고 네 후손도 여자의 후손과 원수가 되게 하리니 여자의 후손은 네 머리를 상하게 할 것이요 너는 그의 발꿈치를 상하게 할 것이니라 하시고

**빌립보서 1장 6절**
너희 안에서 착한 일을 시작하신 이가 그리스도 예수의 날까지 이루실 줄을 우리는 확신하노라

**시편 91편 1~16절**
지존자의 은밀한 곳에 거주하며 전능자의 그늘 아래에 사는 자여, 나는 여호와를 향하여 말하기를 그는 나의 피난처요 나의 요새요 내가 의뢰하는 하나님이라 하리니 이는 그가 너를 새 사냥꾼의 올무에서와 심한 전염병에서 건지실 것임이로다 그가 너를 그의 깃으로 덮으시리니 네가 그의 날개 아래에 피하리로다 그의 진실함은 방패와 손 방패가 되시나니 너는 밤에 찾아오는 공포와 낮에 날아드는 화살과 어두울 때 퍼지는 전염병과 밝을 때 닥쳐오는 재앙을 두려워하지 아니하리로다 천 명이 네 왼쪽에서, 만 명이 네 오른쪽에서 엎드러지나 이 재앙이 네게 가까이 하지 못하리로다 오직 너는 똑똑히 보리니 악인들의 보응을 네가 보리로다 네가 말하기를 여호와는 나의 피난처시라 하고 지존자를 너의 거처로 삼았으므로 화가 네게 미치지 못하며 재앙이 네 장막에 가까이 오지 못하리니 그가 너를 위하여 그의 천사들을 명령하사 네 모든 길에서 너를 지키게 하심이라 그들이 그들의 손으로 너를 붙들어 발이 돌에 부딪히지 아니하게 하리로다 네가 사자와 독사를 밟으며 젊은 사자와 뱀을 발로 누르리로다 하나님이 이르시되 그가 나를 사랑한즉 내가 그를 건지리라 그가 내 이름을 안즉 내가 그를 높이리라 그가 내게 간구하리니 내가 그에게 응답하리라 그들이 환난 당할 때에 내가 그와 함께 하여 그를 건지고 영화롭게 하리라 내가 그를 장수하게 함으로 그를 만족하게 하며 나의 구원을 그에게 보이리라 하시도다

## 3. 나는 이제, 다르다

**사도행전 26장 18절**
그 눈을 뜨게 하여 어둠에서 빛으로, 사탄의 권세에서 하나님께로 돌아오게 하고 죄 사함과 나를 믿어 거룩하게 된 무리 가운데서 기업을 얻게 하리라 하더이다

**로마서 5장 10절**
곧 우리가 원수 되었을 때에 그의 아들의 죽으심으로 말미암아 하나님과 화목하게 되었은즉 화목하게 된 자로서는 더욱 그의 살아나심으로 말미암아 구원을 받을 것이니라

**고린도후서 5장 17절**
그런즉 누구든지 그리스도 안에 있으면 새로운 피조물이라 이전 것은 지나갔으니 보라 새 것이 되었도다

**사도행전 9장 15절**
주께서 이르시되 가라 이 사람은 내 이름을 이방인과 임금들과 이스라엘 자손들에게 전하기 위하여 택한 나의 그릇이라

**갈라디아서 2장 20절**
내가 그리스도와 함께 십자가에 못 박혔나니 그런즉 이제는 내가 사는 것이 아니요 오직 내 안에 그리스도께서 사시는 것이라 이제 내가 육체 가운데 사는 것은 나를 사랑하사 나를 위하여 자기 자신을 버리신 하나님의 아들을 믿는 믿음 안에서 사는 것이라

**로마서 5장 6~8절**
우리가 아직 연약할 때에 기약대로 그리스도께서 경건하지 않은 자를 위하여 죽으셨도다 의인을 위하여 죽는 자가 쉽지 않고 선인을 위하여 용감히 죽는 자가 혹 있거니와 우리가

아직 죄인 되었을 때에 그리스도께서 우리를 위하여 죽으심으로 하나님께서 우리에 대한 자기의 사랑을 확증하셨느니라

**사도행전 22장 19~20절**
내가 말하기를 주님 내가 주를 믿는 사람들을 가두고 또 각 회당에서 때리고 또 주의 증인 스데반이 피를 흘릴 때에 내가 곁에 서서 찬성하고 그 죽이는 사람들의 옷을 지킨 줄 그들도 아나이다

**요한복음 11장 45~48절**
마리아에게 와서 예수께서 하신 일을 본 많은 유대인이 그를 믿었으나 그 중에 어떤 자는 바리새인들에게 가서 예수께서 하신 일을 알리니라 이에 대제사장들과 바리새인들이 공회를 모으고 이르되 이 사람이 많은 표적을 행하니 우리가 어떻게 하겠느냐 만일 그를 이대로 두면 모든 사람이 그를 믿을 것이요 그리고 로마인들이 와서 우리 땅과 민족을 빼앗아 가리라 하니

**요한복음 11장 51~52절**
이 말은 스스로 함이 아니요 그 해의 대제사장이므로 예수께서 그 민족을 위하시고 또 그 민족만 위할 뿐 아니라 흩어진 하나님의 자녀를 모아 하나가 되게 하기 위하여 죽으실 것을 미리 말함이러라

**사도행전 26장 19절**
아그립바 왕이여 그러므로 하늘에서 보이신 것을 내가 거스르지 아니하고

**빌립보서 3장 8~21절**
또한 모든 것을 해로 여김은 내 주 그리스도 예수를 아는 지식이 가장 고상하기 때문이라 내가 그를 위하여 모든 것을 잃어버리고 배설물로 여김은 그리스도를 얻고 그 안에서 발견되려 함이니 내가 가진 의는 율법에서 난 것이 아니요 오직 그리스도를 믿음으로 말미암은 것이니 곧 믿음으로 하나님께로부터 난 의라 내가 그리스도와 그 부활의 권능과 그 고난에 참여함을 알고자 하여 그의 죽으심을 본받아 어떻게 해서든지 죽은 자 가운데서 부활에 이르려 하노니 내가 이미 얻었다 함도 아니요 온전히 이루었다 함도 아니라 오직 내가 그리스도 예수께 잡힌 바 된 그것을 잡으려고 달려가노라 형제들아 나는 아직 내가 잡은 줄로 여기지 아니하고 오직 한 일 즉 뒤에 있는 것은 잊어버리고 앞에 있는 것을 잡으려고 푯대를 향하여 그리스도 예수 안에서 하나님이 위에서 부르신 부름의 상을 위하여 달려가노라 그러므로 누구든지 우리 온전히 이룬 자들은 이렇게 생각할지니 만일 어떤 일에 너희가 달리 생각하면 하나님이 이것도 너희에게 나타내시리라 오직 우리가 어디까지 이르렀든지 그대로 행할 것이라 형제들아 너희는 함께 나를 본받으라 그리고 너희가 우리를 본받은 것처럼 그와 같이 행하는 자들을 눈여겨 보라 내가 여러 번 너희에게 말하였거니와 이제도 눈물을 흘리며 말하노니 여러 사람들이 그리스도의 십자가의 원수로 행하느니라 그들의 마침은 멸망이요 그들의 신은 배요 그 영광은 그들의 부끄러움에 있고 땅의 일을 생각하는 자라 그러나 우리의 시민권은 하늘에 있는지라 거기로부터 구원하는 자 곧 주 예수 그리스도를 기다리노니 그는 만물을 자기에게 복종하게 하실 수 있는 자의 역사로 우리의 낮은 몸을 자기 영광의 몸의 형체와 같이 변하게 하시리라

**사도행전 26장 18~19절**
그 눈을 뜨게 하여 어둠에서 빛으로, 사탄의 권세에서 하나님께로 돌아오게 하고 죄 사함과

나를 믿어 거룩하게 된 무리 가운데서 기업을 얻게 하리라 하더이다 아그립바 왕이여 그러므로 하늘에서 보이신 것을 내가 거스르지 아니하고

**마태복음 12장 28절**
그러나 내가 하나님의 성령을 힘입어 귀신을 쫓아내는 것이면 하나님의 나라가 이미 너희에게 임하였느니라

**마태복음 6장 33절**
그런즉 너희는 먼저 그의 나라와 그의 의를 구하라 그리하면 이 모든 것을 너희에게 더하시리라

**사도행전 1장 8절**
오직 성령이 너희에게 임하시면 너희가 권능을 받고 예루살렘과 온 유대와 사마리아와 땅 끝까지 이르러 내 증인이 되리라 하시니라

**디모데후서 1장 12절**
이로 말미암아 내가 또 이 고난을 받되 부끄러워하지 아니함은 내가 믿는 자를 내가 알고 또한 내가 의탁한 것을 그 날까지 그가 능히 지키실 줄을 확신함이라

**빌립보서 3장 7~9절**
그러나 무엇이든지 내게 유익하던 것을 내가 그리스도를 위하여 다 해로 여길뿐더러 또한 모든 것을 해로 여김은 내 주 그리스도 예수를 아는 지식이 가장 고상하기 때문이라 내가 그를 위하여 모든 것을 잃어버리고 배설물로 여김은 그리스도를 얻고 그 안에서 발견되려 함이니 내가 가진 의는 율법에서 난 것이 아니요 오직 그리스도를 믿음으로 말미암은 것이니 곧 믿음으로 하나님께로부터 난 의라

**빌립보서 3장 20절**
그러나 우리의 시민권은 하늘에 있는지라 거기로부터 구원하는 자 곧 주 예수 그리스도를 기다리노니

**이사야 43장 25절**
나 곧 나는 나를 위하여 네 허물을 도말하는 자니 네 죄를 기억하지 아니하리라

**요한복음 10장 30절**
나와 아버지는 하나이니라 하신대

**마태복음 16장 16절**
시몬 베드로가 대답하여 이르되 주는 그리스도시요 살아 계신 하나님의 아들이시니이다

**에베소서 1장 2~3절**
하나님 우리 아버지와 주 예수 그리스도로부터 은혜와 평강이 너희에게 있을지어다 찬송하리로다 하나님 곧 우리 주 예수 그리스도의 아버지께서 그리스도 안에서 하늘에 속한 모든 신령한 복을 우리에게 주시되

**빌립보서 3장 21절**
그는 만물을 자기에게 복종하게 하실 수 있는 자의 역사로 우리의 낮은 몸을 자기 영광의 몸의 형체와 같이 변하게 하시리라

**요한복음 8장 31~32절**
그러므로 예수께서 자기를 믿은 유대인들에게 이르시되 너희가 내 말에 거하면 참으로 내 제자가 되고 진리를 알지니 진리가 너희를 자유롭게 하리라

**히브리서 3장 1절**
그러므로 함께 하늘의 부르심을 받은 거룩한 형제들아 우리가 믿는 도리의 사도이시며 대제사장이신 예수를 깊이 생각하라

**요한복음 13장 2절**
마귀가 벌써 시몬의 아들 가룟 유다의 마음에 예수를 팔려는 생각을 넣었더라

**요한복음 8장 31~41절**
그러므로 예수께서 자기를 믿은 유대인들에게 이르시되 너희가 내 말에 거하면 참으로 내 제자가 되고 진리를 알지니 진리가 너희를 자유롭게 하리라 그들이 대답하되 우리가 아브라함의 자손이라 남의 종이 된 적이 없거늘 어찌하여 우리가 자유롭게 되리라 하느냐 예수께서 대답하시되 진실로 진실로 너희에게 이르노니 죄를 범하는 자마다 죄의 종이라 종은 영원히 집에 거하지 못하되 아들은 영원히 거하나니 그러므로 아들이 너희를 자유롭게 하면 너희가 참으로 자유로우리라 나도 너희가 아브라함의 자손인 줄 아노라 그러나 내 말이 너희 안에 있을 곳이 없으므로 나를 죽이려 하는도다 나는 내 아버지에게서 본 것을 말하고 너희는 너희 아비에게서 들은 것을 행하느니라 대답하여 이르되 우리 아버지는 아브라함이라 하니 예수께서 이르시되 너희가 아브라함의 자손이면 아브라함이 행한 일들을 할 것이거늘 지금 하나님께 들은 진리를 너희에게 말한 사람인 나를 죽이려 하는도다 아브라함은 이렇게 하지 아니하였느니라 너희는 너희 아비가 행한 일들을 하는도다 대답하되 우리가 음란한 데서 나지 아니하였고 아버지는 한 분뿐이시니 곧 하나님이시로다

**요한복음 16장 33절**
이것을 너희에게 이르는 것은 너희로 내 안에서 평안을 누리게 하려 함이라 세상에서는 너희가 환난을 당하나 담대하라 내가 세상을 이기었노라

**빌립보서 4장 6~9절**
아무 것도 염려하지 말고 다만 모든 일에 기도와 간구로, 너희 구할 것을 감사함으로 하나님께 아뢰라 그리하면 모든 지각에 뛰어난 하나님의 평강이 그리스도 예수 안에서 너희 마음과 생각을 지키시리라 끝으로 형제들아 무엇에든지 참되며 무엇에든지 경건하며 무엇에든지 옳으며 무엇에든지 정결하며 무엇에든지 사랑 받을 만하며 무엇에든지 칭찬 받을 만하며 무슨 덕이 있든지 무슨 기림이 있든지 이것들을 생각하라 너희는 내게 배우고 받고 듣고 본 바를 행하라 그리하면 평강의 하나님이 너희와 함께 계시리라

**요한복음 8장 31~32절**
그러므로 예수께서 자기를 믿은 유대인들에게 이르시되 너희가 내 말에 거하면 참으로 내 제자가 되고 진리를 알지니 진리가 너희를 자유롭게 하리라

**로마서 8장 38~39절**
내가 확신하노니 사망이나 생명이나 천사들이나 권세자들이나 현재 일이나 장래 일이나 능력이나 높음이나 깊음이나 다른 어떤 피조물이라도 우리를 우리 주 그리스도 예수 안에 있는 하나님의 사랑에서 끊을 수 없으리라

**마태복음 27장 25절**
백성이 다 대답하여 이르되 그 피를 우리와 우리 자손에게 돌릴지어다 하거늘

**로마서 8장 6~7절**
육신의 생각은 사망이요 영의 생각은 생명과 평안이니라 육신의 생각은 하나님과 원수가 되나니 이는 하나님의 법에 굴복하지 아니할 뿐 아니라 할 수도 없음이라

**창세기 16장 5절**
사래가 아브람에게 이르되 내가 받는 모욕은 당신이 받아야 옳도다 내가 나의 여종을 당신의 품에 두었거늘 그가 자기의 임신함을 알고 나를 멸시하니 당신과 나 사이에 여호와께서 판단하시기를 원하노라

**고린도전서 15장 31절**
형제들아 내가 그리스도 예수 우리 주 안에서 가진 바 너희에 대한 나의 자랑을 두고 단언하노니 나는 날마다 죽노라

**고린도전서 9장 27절**
내가 내 몸을 쳐 복종하게 함은 내가 남에게 전파한 후에 자신이 도리어 버림을 당할까 두려워함이로다

**고린도전서 15장 56절**
사망이 쏘는 것은 죄요 죄의 권능은 율법이라

**전도서 3장 1~4절, 11절**
범사에 기한이 있고 천하 만사가 다 때가 있나니 날 때가 있고 죽을 때가 있으며 심을 때가 있고 심은 것을 뽑을 때가 있으며 죽일 때가 있고 치료할 때가 있으며 헐 때가 있고 세울 때가 있으며 울 때가 있고 웃을 때가 있으며 슬퍼할 때가 있고 춤출 때가 있으며 하나님이 모든 것을 지으시되 때를 따라 아름답게 하셨고 또 사람들에게는 영원을 사모하는 마음을 주셨느니라 그러나 하나님이 하시는 일의 시종을 사람으로 측량할 수 없게 하셨도다

**창세기 1장 26~28절**
하나님이 이르시되 우리의 형상을 따라 우리의 모양대로 우리가 사람을 만들고 그들로 바다의 물고기와 하늘의 새와 가축과 온 땅과 땅에 기는 모든 것을 다스리게 하자 하시고 하나님이 자기 형상 곧 하나님의 형상대로 사람을 창조하시되 남자와 여자를 창조하시고 하나님이 그들에게 복을 주시며 하나님이 그들에게 이르시되 생육하고 번성하여 땅에 충만하라, 땅을 정복하라, 바다의 물고기와 하늘의 새와 땅에 움직이는 모든 생물을 다스리라 하시니라

**히브리서 11장 6절**
믿음이 없이는 하나님을 기쁘시게 하지 못하나니 하나님께 나아가는 자는 반드시 그가 계신 것과 또한 그가 자기를 찾는 자들에게 상 주시는 이심을 믿어야 할지니라

**히브리서 13장 12~15절**
그러므로 예수도 자기 피로써 백성을 거룩하게 하려고 성문 밖에서 고난을 받으셨느니라 그런즉 우리도 그의 치욕을 짊어지고 영문 밖으로 그에게 나아가자 우리가 여기에는 영구한 도성이 없으므로 장차 올 것을 찾나니 그러므로 우리는 예수로 말미암아 항상 찬송의 제사를 하나님께 드리자 이는 그 이름을 증언하는 입술의 열매니라

**고린도후서 10장 4~5절**
우리의 싸우는 무기는 육신에 속한 것이 아니요 오직 어떤 견고한 진도 무너뜨리는 하나님의 능력이라 모든 이론을 무너뜨리며 하나님 아는 것을 대적하여 높아진 것을 다 무너뜨리고 모든 생각을 사로잡아 그리스도에게 복종하게 하니

**요한복음 8장 44절**
너희는 너희 아비 마귀에게서 났으니 너희 아비의 욕심대로 너희도 행하고자 하느니라 그는 처음부터 살인한 자요 진리가 그 속에 없으므로 진리에 서지 못하고 거짓을 말할 때마다 제 것으로 말하나니 이는 그가 거짓말쟁이요 거짓의 아비가 되었음이라

**마가복음 16장 15~20절**
또 이르시되 너희는 온 천하에 다니며 만민에게 복음을 전파하라 믿고 세례를 받는 사람은 구원을 얻을 것이요 믿지 않는 사람은 정죄를 받으리라 믿는 자들에게는 이런 표적이 따르리니 곧 그들이 내 이름으로 귀신을 쫓아내며 새 방언을 말하며 뱀을 집어올리며 무슨 독을 마실지라도 해를 받지 아니하며 병든 사람에게 손을 얹은즉 나으리라 하시더라 주 예수께서 말씀을 마치신 후에 하늘로 올려지사 하나님 우편에 앉으시니라 제자들이 나가 두루 전파할새 주께서 함께 역사하사 그 따르는 표적으로 말씀을 확실히 증언하시니라

**고린도전서 10장 20절**
무릇 이방인이 제사하는 것은 귀신에게 하는 것이요 하나님께 제사하는 것이 아니니 나는 너희가 귀신과 교제하는 자기 되기를 원하지 아니하노라

**사도행전 8장 4~8절**
그 흩어진 사람들이 두루 다니며 복음의 말씀을 전할새 빌립이 사마리아 성에 내려가 그리스도를 백성에게 전파하니 무리가 빌립의 말도 듣고 행하는 표적도 보고 한마음으로 그가 하는 말을 따르더라 많은 사람에게 붙었던 더러운 귀신들이 크게 소리를 지르며 나가고 또 많은 중풍병자와 못 걷는 사람이 나으니 그 성에 큰 기쁨이 있더라

**고린도후서 4장 4절**
그 중에 이 세상의 신이 믿지 아니하는 자들의 마음을 혼미하게 하여 그리스도의 영광의 복음의 광채가 비치지 못하게 함이니 그리스도는 하나님의 형상이니라

**사도행전 18장 5절**
실라와 디모데가 마게도냐로부터 내려오매 바울이 하나님의 말씀에 붙잡혀 유대인들에게 예수는 그리스도라 밝히 증언하니

**로마서 6장 23절**
죄의 삯은 사망이요 하나님의 은사는 그리스도 예수 우리 주 안에 있는 영생이니라

**요한1서 3장 8절**
죄를 짓는 자는 마귀에게 속하나니 마귀는 처음부터 범죄함이라 하나님의 아들이 나타나신 것은 마귀의 일을 멸하려 하심이라

**히브리서 2장 14~15절**
자녀들은 혈과 육에 속하였으매 그도 또한 같은 모양으로 혈과 육을 함께 지니심은 죽음을 통하여 죽음의 세력을 잡은 자 곧 마귀를 멸하시며 또 죽기를 무서워하므로 한평생 매여 종 노릇 하는 모든 자들을 놓아 주려 하심이니

**마태복음 25장 41절**
또 왼편에 있는 자들에게 이르시되 저주를 받은 자들아 나를 떠나 마귀와 그 사자들을 위하여 예비된 영원한 불에 들어가라

**에베소서 2장 1절**
그는 허물과 죄로 죽었던 너희를 살리셨도다

**잠언 16장 18절**
교만은 패망의 선봉이요 거만한 마음은 넘어짐의 앞잡이니라

**사도행전 17장 1~3절**
그들이 암비볼리와 아볼로니아로 다녀가 데살로니가에 이르니 거기 유대인의 회당이 있는지라 바울이 자기의 관례대로 그들에게로 들어가서 세 안식일에 성경을 가지고 강론하며 뜻을 풀어 그리스도가 해를 받고 죽은 자 가운데서 다시 살아나야 할 것을 증언하고 이르되 내가 너희에게 전하는 이 예수가 곧 그리스도라 하니

**마태복음 12장 28~29절**
그러나 내가 하나님의 성령을 힘입어 귀신을 쫓아내는 것이면 하나님의 나라가 이미 너희에게 임하였느니라 사람이 먼저 강한 자를 결박하지 않고서야 어떻게 그 강한 자의 집에 들어가 그 세간을 강탈하겠느냐 결박한 후에야 그 집을 강탈하리라

**고린도전서 2장 2절**
내가 너희 중에서 예수 그리스도와 그가 십자가에 못 박히신 것 외에는 아무 것도 알지 아니하기로 작정하였음이라

**사도행전 18장 18절**
바울은 더 여러 날 머물다가 형제들과 작별하고 배 타고 수리아로 떠나갈새 브리스길라와 아굴라도 함께 하더라 바울이 일찍이 서원이 있었으므로 겐그레아에서 머리를 깎았더라

**로마서 16장 3~4절**
너희는 그리스도 예수 안에서 나의 동역자들인 브리스가와 아굴라에게 문안하라 그들은 내 목숨을 위하여 자기들의 목까지도 내놓았나니 나뿐 아니라 이방인의 모든 교회도 그들에게 감사하느니라

**사도행전 17장 3절**
뜻을 풀어 그리스도가 해를 받고 죽은 자 가운데서 다시 살아나야 할 것을 증언하고 이르되 내가 너희에게 전하는 이 예수가 곧 그리스도라 하니

**사도행전 17장 7절**
야손이 그들을 맞아 들였도다 이 사람들이 다 가이사의 명을 거역하여 말하되 다른 임금 곧 예수라 하는 이가 있다 하더이다 하니

**누가복음 12장 27절**
백합화를 생각하여 보라 실도 만들지 않고 짜지도 아니하느니라 그러나 내가 너희에게 말하노니 솔로몬의 모든 영광으로도 입은 것이 이 꽃 하나만큼 훌륭하지 못하였느니라


## 4. 하나님의 보석 상자

**로마서 10장 9~12절**
네가 만일 네 입으로 예수를 주로 시인하며 또 하나님께서 그를 죽은 자 가운데서 살리신 것을 네 마음에 믿으면 구원을 받으리라 사람이 마음으로 믿어 의에 이르고 입으로 시인하여 구원에 이르느니라 성경에 이르되 누구든지 그를 믿는 자는 부끄러움을 당하지 아니하리라 하니 유대인이나 헬라인이나 차별이 없음이라 한 분이신 주께서 모든 사람의 주가 되사 그를 부르는 모든 사람에게 부요하시도다

**마태복음 6장 26~29절**
공중의 새를 보라 심지도 않고 거두지도 않고 창고에 모아들이지도 아니하되 너희 하늘 아버지께서 기르시나니 너희는 이것들보다 귀하지 아니하냐 너희 중에 누가 염려함으로 그 키를 한 자라도 더할 수 있겠느냐 또 너희가 어찌 의복을 위하여 염려하느냐 들의 백합화가 어떻게 자라는가 생각하여 보라 수고도 아니하고 길쌈도 아니하느니라 그러나 내가 너희에게 말하노니 솔로몬의 모든 영광으로도 입은 것이 이 꽃 하나만 같지 못하였느니라

**다니엘 12장 11절**
매일 드리는 제사를 폐하며 멸망하게 할 가증한 것을 세울 때부터 천이백구십 일을 지낼 것이요

**에스겔 36장 27절**
또 내 영을 너희 속에 두어 너희로 내 율례를 행하게 하리니 너희가 내 규례를 지켜 행할지라

**이사야 45장 5절**
나는 여호와라 나 외에 다른 이가 없나니 나 밖에 신이 없느니라 너는 나를 알지 못하였을지라도 나는 네 띠를 동일 것이요

**이사야 62장 6절**
예루살렘이여 내가 너의 성벽 위에 파수꾼을 세우고 그들로 하여금 주야로 계속 잠잠하지 않게 하였느니라 너희 여호와로 기억하시게 하는 자들아 너희는 쉬지 말며

**누가복음 24장 48절**
너희는 이 모든 일의 증인이라

## 나는 이제, **다르다**

**지은이** 김서권
1판 1쇄 발행일 2021년 10월 20일
1판 2쇄 발행일 2021년 11월 14일
1판 3쇄 발행일 2024년 02월 08일

**발행처** 도서출판 **HIM** BOOKS
**발행인** 김서권
**편집** 김유순, 육후연, 성민근, 최우림, 박지오
**표지 . 내지 디자인** 진성현, 김은혜
**기획 및 홍보** 이명석

**등록번호** 제 22 - 3166호
**등록일자** 2007년 7월 26일
137-074 서울시 서초구 서초 4동 1687-2 중앙서초프라자 202호
Tel 02-594-9101 / Fax 02-537-8771

**저작권자** ⓒ 2021 **HIM** BOOKS
이 책의 저작권은 저자에게 있습니다.
저자와 출판사의 허락 없이 내용의 일부를 인용하거나 발췌하는 것을 금합니다.

COPYRIGHT ⓒ 2021 **HIM** BOOKS
All rights reserved including the rights of reproduction in whole
or in part in any form. Printed in KOREA

ISBN 979-11-969964-4-4  03230

독자의견 전화 02-594-9101
이메일 LMS2121@naver.com

이 도서의 국립중앙도서관 출판예정도서목록(CIP)은 서지정보유통지원시스템 홈페이지
(http://seoji.nl.go.kr)와 국가자료종합목록 구축시스템(http://kolis-net.nl.go.kr)에서 이용
하실 수 있습니다. (CIP제어번호 : CIP2020004157)

* 저작권법에 의해 보호를 받는 저작물이므로 무단전재와 복제를 금합니다.
* 이 책의 전체 또는 일부를 재사용하려면 저작권자와 **HIM** BOOKS의 동의를 받아야 합니다.
* 책값은 뒤표지에 있습니다. 잘못된 책은 구입하신 곳에서 바꾸어 드립니다.
* 이 책의 본문은 Gmarket Sans 체를 사용했습니다.